I0054049

ALEXANDER GOLDWEIN

IMMOBILIEN PROFESSIONELL

SUCHEN, PRÜFEN UND KAUFEN

MASTERKURS IMMOBILIENINVESTMENTS

M&E BOOKS VERLAG

Immobilien professionell suchen, prüfen und kaufen
Masterkurs Immobilieninvestments

Alexander Goldwein
ISBN 978-3947201037
2. Auflage 2017
© 2017 by M&E Books Verlag GmbH, Köln

Alle Angaben und Daten nach bestem Wissen, jedoch ohne Gewähr für
Vollständigkeit und Richtigkeit. Alle Rechte, auch die des auszugsweisen
Nachdrucks, der fotomechanischen Wiedergabe sowie der Auswertung
durch Datenbanken oder ähnliche Einrichtungen, vorbehalten.

M&E Books Verlag GmbH
Thywissenstraße 2
51065 Köln
Telefon 0221 – 9865 6223
Telefax 0221 – 5609 0953
www.me-books.de
info@me-books.de
Steuer-Nr: 218/5725/1344
USt.-IdNr.: DE310782725
Geschäftsführer: Vu Dinh

Die Deutsche Nationalbibliothek verzeichnet diese Publikation in der
Deutschen Nationalbibliographie. Detaillierte bibliographische Daten sind
im Internet über http://dnb.de abrufbar.

VORWORT

Auch Sie können Erfolg haben als privater Wohnimmobilieninvestor und Ihrem Vermögen eine neue Perspektive geben und finanzielle Unabhängigkeit erlangen. Diese Buchreihe setzt keine Vorkenntnisse voraus und ist auch für Anfänger geeignet. Sie gliedert sich in insgesamt 5 Teile, die jeweils als Taschenbuch und Ebook erscheinen. Sie können die Teile hintereinander durcharbeiten und erhalten so eine praktische Ausbildung zum Immobilieninvestor. Da die einzelnen Teile in sich abgeschlossene Darstellungen enthalten, können Sie diese auch separat lesen, um punktuell Ihr Wissen zu vertiefen.

Alternativ können Sie auch meine Gesamtdarstellung in dem Buch **"Geld verdienen mit Wohnimmobilien"** erwerben. In der Gesamtdarstellung werden alle Themen rund um Kapitalanlagen in Immobilien behandelt und mit konkreten Beispielen erklärt. Wenn Sie noch keine Kenntnisse haben und sich umfassend informieren wollen, ist die Gesamtdarstellung "Geld verdienen mit Wohnimmobilien" für Sie geeignet. Wenn Sie nur punktuell Ihr Wissen vertiefen wollen, wäre der entsprechende Teil dieser Buchreihe für Sie geeignet.

In diesem Teil der Buchreihe erfahren Sie, wie man geeignete Renditeimmobilien sucht und findet. Dazu gehören die Entwicklung eines Suchprofils, die Besprechung der Einkaufsquellen und die systematische Prüfung einer konkreten Immobilie auf „Herz und Nieren".

Darüber hinaus umfasst die Buchreihe folgende weitere Teile:

- Strategie zum Reichwerden mit Immobilien
- Immobilien richtig finanzieren und kalkulieren
- Immobilienkauf- und Bauvertrag rechtssicher abschließen
- Immobilien erfolgreich vermieten und Steuern sparen

Ich bin Wirtschaftsjurist mit einer Spezialisierung im Immobilienrecht. Mit Kapitalanlagen in Immobilien bin ich innerhalb weniger Jahre self-made Millionär geworden. Als Autor und Berater habe ich zahlreiche Menschen zu wirtschaftlichem Erfolg geführt. Mehrere meiner praktischen Ratgeber zu Immobilien sind Bestseller Nr. 1 bei Amazon geworden.

Ich wünsche Ihnen viel Spaß beim Lesen und eine glückliche Hand bei Ihren Kapitalanlagen in Immobilien!

Alexander Goldwein

INHALTSVERZEICHNIS

I. WIE FINDET MAN GEEIGNETE RENDITEIMMOBILIEN?

Nachdem ich Ihnen nun hoffentlich mit einigen Beispielen Appetit auf eine Zukunft als privater Immobilieninvestor machen konnte, kommen wir jetzt zu einem sehr wichtigen Thema. Es geht um die Frage, wie all diese Erkenntnisse konkret umgesetzt werden können. Mit anderen Worten: Wie finde ich die richtige Renditeimmobilie, mit der ich Geld verdienen kann und wie prüfe ich diese Immobilie auf Eignung?

1. AUSWAHL DES INVESTITIONSSTANDORTES

Die Anzahl an möglichen Standorten für gute Renditeimmobilien ist riesengroß. Sie könnten sich zum Beispiel auf eine Großstadt konzentrieren. Vielleicht eine Großstadt, in der Sie selbst leben und die Sie gut kennen. Denkbar ist aber auch, dass Sie sich auf eine oder mehrere mittelgroße Städte konzentrieren oder ganz bewusst auf eine eher ländliche Region. Sie könnten sogar noch einen Schritt weiter gehen und auch Ferienimmobilien im europäischen Ausland in Erwägung ziehen.

Die Standortwahl für Renditeimmobilien ist natürlich keine reine Geschmacksfrage. Es geht nicht darum, welche Region Sie persönlich lebenswert finden und wo Sie persönlich gerne wohnen und leben würden. Es geht vielmehr um die Frage, welche Standorte gute Renditen und nach Möglichkeit noch Wertsteigerungspotential versprechen. Dabei lässt sich zunächst einmal festhalten, dass die Immobilienpreise in Metropolregionen wie z.B. München, Berlin, Hamburg, Köln und Düsseldorf in den letzten Jahren extrem stark gestiegenen sind aufgrund der europäischen Finanz- und Währungskrise. Daher sind Metropolen wegen des extrem verknappten Angebotes und der hohen Einkaufspreise unter Renditeaspekten für Neuinvestitionen sehr schwierige Betätigungsfelder geworden.

Ich möchte Ihnen das anhand eines realen Beispiels verdeutlichen:

Beispiel:

Ein Bauträger, der neue Eigentumswohnungen in Düsseldorf errichtet, bietet Ihnen den Kauf einer Eigentumswohnung in Rheinnähe mit 100 m2 für € 800.000 an. Das entspricht einem Quadratmeterpreis von € 8.000. Sie reiben sich gerade die Augen über diesen astronomisch hohen Preis und fragen sich, ob ich mich vielleicht verschrieben habe und eine Null zu viel angehängt ist? Leider nein. Das ist tatsächlich ein realer Preis, den ich mir nicht ausgedacht habe. Es gibt solche Angebote und (noch erstaunlicher) es gibt tatsächlich Käufer, die diese Preise bezahlen. Wenn Sie noch Kaufnebenkosten in Höhe von pauschal 12% hinzurechnen, dann ergeben sich Anschaffungskosten in Höhe von € 896.000.

Wenn wir nun unter Heranziehung des Mietspiegels der Stadt Düsseldorf (Stand Januar 2014) annehmen, dass Sie diese Wohnung aufgrund des Neubauzustandes und aufgrund der sehr guten Lage für € 12,00 pro m2 vermieten könnten, dann ergibt sich daraus überschlägig eine magere Rendite in Höhe von nur 1,6% pro Jahr (€ 14.400 / € 896.000). Dabei sind nicht umlegbare Verwaltungskosten und Instandhaltungskosten noch nicht berücksichtigt. Bei diesen Eckdaten ergibt sich ein Vervielfältiger von sage und schreibe gut 62! Das heißt, dass es (vereinfacht gerechnet) 62 Jahre dauert, bis Sie die Anschaffungskosten über Mieten wieder hereinholen. Sie werden jetzt aus Sicht eines interessierten Investors entsetzt ausrufen: „Das ist ja krank!" Und ich gebe Ihnen Recht mit dieser Einschätzung.

Aufgrund dieses Beispiels mit realistischen Marktdaten dürfte sehr deutlich geworden sein, dass überdurchschnittliche Renditechancen **derzeit** kaum in dem Marktsegment von Neubauwohnungen in guten Lagen von Metropolregionen zu finden sind. Ich mache aber ganz bewusst die Einschränkung **derzeit**. Bei normalen Marktbedingungen (die wir derzeit nicht haben), kann durchaus eine andere Einschätzung gerechtfertigt sein. Ich will damit auch nicht sagen, dass Sie Metropolen komplett meiden sollen. Vielmehr ist die richtige Schlussfolgerung: Wenn Sie sich als Investor für eine Metropole entscheiden, dann sollten Sie derzeit nicht auf Neubauimmobilien in Premiumlagen setzen. Unter Renditeaspekten dürfte es interessanter sein, auf gebrauchte Bestandsimmobilien in mittleren Lagen zu setzen.

Eine weitere interessante Standortstrategie ist, auf mittelgroße Städte in der Umgebung einer Metropole zu setzen. Bei mittelgroßen Städten sieht es nämlich hinsichtlich der möglichen Rendite schon wieder besser aus für Investoren.[1] Nehmen wir als Beispiel Städte, die in einem Radius von weniger als 50 km vom Stadtzentrum Düsseldorfs entfernt liegen. Da würden einem z.B. Städte wie Wuppertal, Viersen, Grevenbroich, Krefeld, Hilden und Solingen einfallen. Dort sieht die Rendite für Investoren schon deutlich besser aus. Solche Städte können ein sehr ausgewogenes und für den Investor günstiges **Chancen-Risiko–Profil** aufweisen. Aufgrund der Nähe zu einer Metropole mit vielen und gut bezahlten Arbeitsplätzen und einer florierenden Wirtschaft ist das Risiko von Leerstand relativ gering. Darüber hinaus ist das Verhältnis der Anschaffungskosten zu den erzielbaren Mieten günstiger als in der Metropole selbst. Das ermöglicht höhere Renditen. Neben der erzielbaren Rendite sollten Sie sich bei der Standortwahl auch mit der Frage der möglichen Wertentwicklung der Immobilie in der Zukunft beschäftigen. Ein wichtiger Faktor dafür ist natürlich die Nachfrage in bestimmten Regionen. Interessant ist daher ein Blick auf

---

[1] Ich verweise beispielhaft auf einen Artikel in der Zeitung „Die Welt" vom 20.06.2014, den Sie unter folgendem URL im Internet finden:
http://www.welt.de/finanzen/immobilien/article129272551/Vergesst-Berlin-und-Muenchen-kauft-in-Krefeld.html (abrufbar unter dem folgenden Kurzlink: https://goo.gl/ze7czK)

den Immobilienumsatz in verschiedenen Regionen und Teilmärkten Deutschlands. Solche Zahlen lassen eine Aussage über die Marktdynamik zu und sagen damit auch etwas über die Nachfragesituation aus. In regionalen Märkten mit hoher Dynamik ist auch langfristig eher mit großer Nachfrage zu rechnen als in Märkten mit wenig Dynamik.

a) Makroanalyse eines Standortes

Wenn Sie alle Faktoren für die Bewertung der Lage und die mögliche Wertentwicklung einer Renditeimmobilie analysieren wollen, dann müssen Sie auch globale und langfristige Entwicklungstrends in die Überlegungen der Standortwahl mit einbeziehen. Damit meine ich die globale Betrachtung der Entwicklung der Immobilienwerte über längere Zeiträume (d.h. 10 Jahre und mehr) unter Einbeziehung von Entwicklungstrends in verschiedenen Regionen.

Die langfristige Wertentwicklung von Wohnimmobilien ist Gegenstand diverser Studien.[2] Der Ansatz der Studien beruht darauf, zunächst die verfügbaren Daten über die Wertentwicklung in der Vergangenheit auszuwerten und aufzubereiten, um in einem zweiten Schritt die weitere Wertentwicklung in der Zukunft zu prognostizieren.

---

[2] Ich verweise z.B. auf Westerheide, Determinanten für die langfristige Wertentwicklung von Wohnimmobilien, Studie des Zentrums für Europäische Wirtschaftsforschung, Mannheim 2010

Die nachfolgende Karte stellt die Erwartungen der Wertentwicklung verschiedener Regionen und Standorte dar.

An dieser Karte können Sie sehr schön ablesen, in welchen Regionen mit Wertstabilität und Wertsteigerungen zu rechnen ist und in welchen Regionen eher mit einem Preisverfall. Solche Daten sind wichtig für die Standortwahl. Sie können hier auch ablesen, dass das Umland einer Metropole von der Nähe zur Metropole massiv profitiert. Damit liefern die statistischen Daten eine Bestätigung der oben vorgestellten Strategie.

Postbank-Studie zur Werthaltigkeit von Wohneigentum:
Wo sich der Immobilienkauf langfristig lohnt
Der Werthaltigkeitsindex zeigt die Entwicklung bis 2030 in den verschiedenen Kreisen auf.

In 77 Prozent der deutschen
Kreise bleibt die Werthaltigkeit
stabil oder steigt.

Top 10 Städte
Kreisfreie Städte mit dem
größten Wertsteigerungs-
potenzial:

1. Hamburg
2. München
3. Oldenburg
4. Stuttgart
5. Bonn
6. Ingolstadt
7. Ludwigshafen
8. Regensburg
9. Köln
10. Heilbronn

Top 10 Landkreise
Landkreise mit dem
größten Wertsteigerungs-
potenzial:

1. München
2. Ebersberg
3. Freising
4. Erding
5. Landsberg am Lech
6. Dachau
7. Starnberg
8. Fürstenfeldbruck
9. Rosenheim
10. Breisgau-
    Hochschwarzwald

Werthaltigkeit

- sehr hoch (23%)
- hoch (29%)
- mittel (25%)
- gering (17%)
- sehr gering (6%)

Quelle: Postbank

Abbildung 1
Quelle: Postbank-Studie "Wohneigentum 2015"
Eine Zusammenfassung der Ergebnisse dieser Studie und die Grafik als
Datei finden Sie auf der folgenden Internetseite: https://goo.gl/Hbc6nw

Alle Studien kommen übereinstimmend insgesamt zu dem Ergebnis, dass Wohnimmobilien in Deutschland seit Mitte der 1970er Jahre **im Durchschnitt** eine wenig volatile Wertentwicklung mit moderaten Wertsteigerungsraten zu verzeichnen hatten.[3] Allerdings waren die Wertsteigerungen keineswegs gleichmäßig auf ganz Deutschland verteilt. In Ostdeutschland (insbesondere in strukturschwachen Regionen wie z.B. Sachsen-Anhalt oder Thüringen) waren im Zeitraum von 1990 bis 2008 erhebliche Werteinbrüche zu verzeichnen.[4] Im gleichen Zeitraum hatten Wohnimmobilien in Metropolen Westdeutschlands erhebliche Wertsteigerungen zu verzeichnen.[5] Die Studie differenziert bei Wertsteigerungen insbesondere nach A, B, C und D-Städten. Die stärksten Wertzuwächse waren demnach bei Immobilien in A-Städten zu verzeichnen.[6] A-Städte sind dabei als wichtige deutsche Zentren mit nationaler und zum Teil internationaler Bedeutung zu ver-

---

[3] Siehe Westerheide, Determinanten für die langfristige Wertentwicklung von Wohnimmobilien, Studie des Zentrum für Europäische Wirtschaftsforschung, Mannheim 2010 (siehe dort S. 9).

[4] Westerheide, Determinanten für die langfristige Wertentwicklung von Wohnimmobilien, Studie des Zentrum für Europäische Wirtschaftsforschung, Mannheim 2010 (siehe dort S. 14, 17 und 20).

[5] Westerheide, Determinanten für die langfristige Wertentwicklung von Wohnimmobilien, Studie des Zentrum für Europäische Wirtschaftsforschung, Mannheim 2010 (siehe dort S. 22).

[6] Westerheide, Determinanten für die langfristige Wertentwicklung von Wohnimmobilien, Studie des Zentrum für Europäische Wirtschaftsforschung, Mannheim 2010 (siehe dort S. 16, 21 f.).

stehen, wozu nach der Definition namentlich die folgenden Städte gehören:

- Berlin
- Düsseldorf
- Frankfurt (Main)
- Hamburg
- Köln
- München
- Stuttgart

Die Studien versuchen jedoch auch, Prognosen abzugeben über die künftige Wertentwicklung von Wohnimmobilien. Dabei stützen sie sich auf Faktoren, die die Nachfrage und das Angebot an Wohnimmobilien maßgeblich beeinflussen. Dabei ist vor allem der demographische Faktor zu nennen. Damit ist nicht nur die zahlenmäßige Entwicklung der Bevölkerung gemeint, sondern auch die strukturelle Entwicklung wie Altersstruktur, Größe und Anzahl der Haushalte. Insbesondere die Anzahl der Haushalte ist ein wichtiger Faktor, weil letztendlich Haushalte und nicht Einzelpersonen die Nachfrager von Wohnimmobilien sind.

Die demographischen Prognosen gehen davon aus, dass die Gesamtbevölkerung in Deutschland von 81,6 Millionen im Jahre 2009 auf 80,5 Millionen bis zum Jahr 2025 sinken wird. Interessanterweise wird jedoch nach den Prognosen trotzdem die Anzahl der Haushalte mindestens bis 2025 steigen, weil die Haushalte kleiner werden.[7] Da Haushalte und nicht Einzelpersonen die Nachfrager von Wohnraum sind, wird daraus ein steigender Flächenbedarf abgeleitet, der im Durchschnitt nach Einschätzung der Gutachter mindestens eine Preisstabilität nach sich zieht.

Darüber hinaus sagen die demographischen Prognosen für Ostdeutschland einen zunehmenden Bevölkerungsschwund und für Westdeutschland sogar bis 2032 ein zwar geringes, aber kontinuierliches Wachstum voraus, welches in einigen Regionen und Metropolen sogar relativ stark ausfallen kann.[8] Insofern sprechen diese Indikatoren dafür, dass sich die oben aufgezeigten unterschiedlichen Wertentwicklungstrends für Ostdeutschland und Westdeutschland auch in der Zukunft weiter fortsetzen werden.

Zusammenfassend lässt sich damit festhalten, dass die Studien über die Entwicklung der Wohnimmobilienwerte keine Anzeichen für einen globalen Wertverfall von Wohnimmobilien in Deutschland sehen, wenn man von einigen kritischen Regionen absieht. Vielmehr werden insgesamt und im Durchschnitt mindestens stabile Wohnimmobilienwerte erwartet. Beim Erwerb von

---

[7] Westerheide, Determinanten für die langfristige Wertentwicklung von Wohnimmobilien, Studie des Zentrum für Europäische Wirtschaftsforschung, Mannheim 2010 (siehe dort S. 26 ff.).

[8] Siehe Möller und Günther, Die selbstgenutzte Immobilie als Säule der Alterssicherung, Studie des Eduard Pestel Institutes für Systemforschung, Bonn 2005 (siehe dort S. 17 ff.).

Wohnimmobilien in prosperierenden und wachstumsstarken Regionen (z.B. in A-Städten Westdeutschlands)
deutet sogar vieles darauf hin, dass sich positive Wertentwicklungstrends auch weiterhin fortsetzen werden.

Darüber hinaus dürfte daraus abzuleiten sein, dass
auch das Umland von wachstumsstarken Metropolen
künftig von steigenden Immobilienpreisen und Mieten
profitieren dürfte. Damit lässt sich aus diesen Studien eine
weitere Bestätigung der oben vorgestellten Strategie ableiten, auf mittelgroße Städte im Umland von Metropolen als
Standort zu setzen.

b) Mikroanalyse eines Standortes

Der Wert und die Wertentwicklung eines Grundstückes werden maßgeblich auch durch das direkte Umfeld
und die zu erwartende Entwicklung des Umfeldes geprägt.
Daher gehört zu einer gründlichen Standortanalyse auch
eine genaue Betrachtung dieses Aspektes. Das bezeichnet
man als Mikrostandortanalyse.

Dazu gehört auf jeden Fall die Prüfung der folgenden
Punkte:

- Anbindung an öffentliche Verkehrsmittel und das
  Straßennetz
- Parkmöglichkeiten
- Einkaufsmöglichkeiten
- Freizeitmöglichkeiten (Gastronomie, Parks und Seen)
- windgeschützte Lage
- Lichtverhältnisse

- geologische Aspekte (erhöhte Lage oder Lage in einer Senke und Bodenbeschaffenheit)

Andererseits müssen Sie auch eine schonungslose Bestandsaufnahme von negativen Umfeldfaktoren machen wie z.B.:

- Verkehrslärm
- Fluglärm
- lärmintensive Gewerbebetriebe in der Umgebung
- mögliche Geruchsbelästigung (Kläranlagen, Müllverbrennungsanlagen oder Schlachthöfe)
- Grundwasserverhältnisse (drückendes Wasser und Gefahr von Feuchtigkeitsschäden am Fundament)

Es reicht jedoch nicht aus, sich nur mit der gegenwärtigen Situation zu befassen. Es sind auch mögliche Änderungen in der Zukunft in die Bewertung des Standortes einzubeziehen. Denn Sie können nicht davon ausgehen, dass alles so bleibt wie es ist. Selbstverständlich wirken sich mögliche und erst Recht bereits beschlossene und alsbald erfolgende Veränderungen des Umfeldes auf die Wohnqualität und auf die Wertentwicklung einer Immobilie aus.

Erkundigen Sie sich daher möglichst genau, wie die Gegend um das Grundstück in den nächsten Jahren aussehen könnte. Es ist möglich, z.B. bei der Bauaufsichtsbehörde zu erfragen, ob in der Nähe eine Straße, ein Gewerbegebiet oder andere kritische Nutzungen geplant sind.

Wenn Sie z.B. eine Immobilie kaufen, die sich in der Nähe eines Flughafens befindet, dann müssen Sie einkalkulieren, dass sich die derzeit vielleicht noch erträgliche Lärmbelästigung massiv erhöhen kann durch einen Flughafenausbau und etwaige Änderungen der Ausrichtung einer Einflugschneise. Eine solche Änderung des Umfeldes würde sich gravierend auf den Wert der Immobilie auswirken.

Ein anderes Beispiel wäre der Kauf einer Eigentumswohnung in einem innerstädtischen Problemviertel einer Großstadt. Wenn Sie hier z.B. mit einem tristen Umfeld zu tun haben, welches durch Industriebrachen, schlechte Infrastruktur und Konzentration von bestimmten sozialen Schichten im Umfeld der Immobilie geprägt ist, dann sind das Faktoren, die zunächst einmal negativ für die Bewertung der Lage der Immobilie wirken. Bei einer reinen Bestandsaufnahme des Ist-Zustandes würde die Bewertung des Umfeldes als Wertfaktor daher eher schlecht ausfallen.

Wenn das Viertel jedoch durch einen Beschluss des Stadtrates zu einem Sanierungsgebiet erklärt wird und daher in den folgenden Jahren in den Genuss durchgreifender städtebaulicher Verbesserungen kommen wird, so dürfte diese Entwicklung sich auf das Umfeld und damit auch auf den Immobilienwert positiv auswirken. In diesem Fall müsste in die Bewertung des Standortes natürlich die zu erwartende Entwicklung des Umfeldes mit einbezogen werden mit dem Ergebnis, dass in diesem Viertel mit hoher Wahrscheinlichkeit erhebliche Wertsteigerungen der Grundstücke und Immobilien zu erwarten sind.

Um Entwicklungen des Umfeldes einer Immobilie möglichst frühzeitig zu erkennen, benötigen Sie aktuelle und möglichst detaillierte Informationen. Eine regelmäßige Lektüre des Lokalteiles der Zeitung ist eine nahe liegende Informationsquelle. Profundere Informationen lassen sich möglicherweise durch eine Nachfrage bei dem zuständigen Bauamt der Stadtverwaltung erschließen.

Darüber hinaus kann die Einsichtnahme in den Bebauungsplan aufschlussreich sein. Der Bebauungsplan enthält Festsetzungen über die grundsätzlich vorgesehene Bebauung in einem Gebiet (z.B. reine Wohngebiete, allgemeine Wohngebiete, Mischgebiete, Gewerbegebiete, Industriegebiete etc.). Der Gebietstypus wiederum gibt an, welche Nutzungen zulässig sind, die in Form eines entsprechenden Nutzungskataloges weiter ausdifferenziert sein können.[9] Damit lässt der Bebauungsplan bereits überschlägige Schlussfolgerungen über den Charakter eines Gebietes und über die zu erwartende künftige Entwicklung des Umfeldes der Immobilie zu. In einem reinen Wohngebiet müssen Sie z.B. nicht mit der Ansiedlung von Handwerksbetrieben mit entsprechender Lärmbelastung rechnen. In Mischgebieten ist mit so etwas durchaus zu rechnen. Wenn z.B. in unmittelbarer Nachbarschaft Baulücken oder unbebaute Grundstücke vorhanden sind, dann ist in einem Mischgebiet nicht auszuschließen, dass sich dort ein lärmintensiver Gewerbebetrieb ansiedelt. In einem Gewerbegebiet mit vereinzelter Wohnbebauung ist

---

[9] Weiterführende Informationen dazu finden Sie in meinem Buch „Immobilienkauf- und Bauvertrag rechtsicher abschließen".

das Risiko eines solchen neuen Nachbarn sogar noch viel größer. Wie Sie sehen, kann der Bebauungsplan eine sehr interessante Informationsquelle sein.

2. Spielraum für eine Aufwertungsstrategie

Nachdem Sie nun erfahren haben, welche Aspekte bei der Standortwahl zur Identifizierung von interessanten Renditeimmobilien zu berücksichtigen sind, müssen Sie noch einen Schritt weiter denken. Denn als kluger Investor wollen Sie sich nicht mit einer durchschnittlich rentablen Immobilie an einem akzeptablen Standort zufrieden geben, sondern überdurchschnittliche Renditen und Veräußerungsgewinne einfahren. Ein wichtiger Aspekt zur Identifizierung solcher Immobilien ist die Möglichkeit zur Aufwertung mit vertretbarem Aufwand.

Besonders interessant ist z.B. die Möglichkeit, ein großzügig geschnittenes Grundstück mit einer weiteren Immobilie zu bebauen. Das ist jedoch nur dann möglich, wenn das öffentliche Bauplanungsrecht (im Regelfall der Bebauungsplan) eine solche weitere Bebauung des Grundstücks zulässt. Ob Sie nach dem Erwerb tatsächlich von einem Baurecht Gebrauch machen wollen oder nicht, ist noch nicht einmal entscheidend. Denn auch eine rechtliche „Baureserve" ohne die tatsächliche Ausnutzung stellt einen wirtschaftlichen Wert dar. Wenn sich die Gelegenheit zum Kauf eines solches Grundstückes ergibt, für das eine weitere Bebauung dem ersten Anschein nach möglich sein könnte, dann sollten Sie das natürlich nicht sofort in Gesprächen mit dem Verkäufer thematisieren. Geschickter wäre es, Einsicht in den Bebauungsplan zu nehmen, um diese Frage weiter aufzuklären. Denn es ist denkbar, dass der Verkäufer die Möglichkeit der weiteren Bebauung selbst nicht kennt und daher auch nicht in seine Kaufpreisforderung eingepreist hat.

Weitere Aufwertungsmöglichkeiten können sich z.B. aus dem Ausbau eines Dachgeschosses oder dem Anbau einer Terrasse ergeben. Eine Dachgeschosswohnung lässt sich erheblich aufwerten durch Errichtung einer Dachterrasse, die sich mit vertretbarem Aufwand in den Dachaufbau einbauen lässt. Wenn der Verkäufer selbst nicht auf diese Idee gekommen ist und diese Möglichkeiten nicht eingepreist hat, dann kann das für Sie als Käufer nur von Vorteil sein. Denkbar sind aber auch weniger aufwendige Aufwertungen. Die Klassiker sind Badsanierungen und neue Fußböden. Die Kosten solcher Maßnahmen halten sich in der Regel in überschaubarem Rahmen, haben aber optisch einen durchschlagenden Effekt. Eine bauliche Aufwertung mit vertretbarem Aufwand hat auch häufig die schöne Konsequenz, dass aufgrund einer solchen Maßnahme die Miete erhöht werden kann, was die laufende Mietrendite sofort nach oben zieht. Beim Verkauf nach Ablauf der Bewirtschaftungszeitspanne kann sich eine solche bauliche Veränderung dann zusätzlich in einem höheren Verkaufspreis niederschlagen.

3. ENTWICKLUNG EINES SUCHPROFILS

Nun sollten Sie über hinreichendes Wissen verfügen, um eine möglichst genaue Beschreibung der Immobilien zu erstellen, nach denen Sie als renditehungriger Investor Ausschau halten möchten. Das Suchprofil könnte man z.B. wie folgt schlagwortartig zusammenfassen:

- Mietwohnhaus mit 4 bis 8 Wohnungen
- Mittlere Lage in mittelgroßer Stadt im Umland einer Metropole
- Mikrolage sollte mindestens o.k. sein, besser überdurchschnittlich
- Zuschnitt der Wohnungen sollte optimal sein
- Aktuelles Mietzinsniveau unterhalb des Mietspiegels
- Aufwertungspotential des baulichen Zustands mit vertretbarem Aufwand

Mit diesem Suchprofil sind 6 Kernkriterien aufgestellt, die bereits eine recht gut fokussierte Suche ermöglichen. Dieses Suchprofil ist natürlich nicht die einzig mögliche Strategie. Sie können auch eigene Strategien und Suchprofile entwickeln. Wichtig ist dabei, dass Sie sich Gedanken dazu machen und möglichst präzise beschreiben, welche Immobilien Sie suchen. Daher sollten Sie Ihr Suchprofil unbedingt aufschreiben und laufend überdenken und überarbeiten.

4. KLASSISCHE UND INNOVATIVE EINKAUFSQUELLEN IN ANGESPANNTEN MÄRKTEN

Sie haben bis hierher schon ein erhebliches Stück des Weges bewältigt: Sie haben sich grundlegend informiert, welche Immobilien ein gutes Chancen-Risiko-Profil aufweisen. Damit wissen Sie bereits ziemlich genau, wonach Sie suchen. Das ist ein ganz entscheidender Baustein für Ihren Erfolg. Denn nichts ist sinnloser als planloses Herumschauen ohne genau zu wissen, was man sucht.

Jetzt müssen Sie „nur" noch eine geeignete Immobilie finden. Leider ist die schlechte Nachricht, dass dieser Teil der Arbeit deutlich zeitaufwendiger ist. Beginnen wir mit einer Betrachtung, welche Quellen für den Wohnimmobilieneinkauf es gibt und welche Vor- und Nachteile diese haben.

a) Internetportale

Als erstes denkt natürlich jeder an das Internet und die bekannten Immobilienportale. Allen voran der Marktführer Immobilienscout24.[10] Dann gibt es da noch das Portal Immowelt[11] und diverse kleinere Portale. Ich bin der Meinung, dass es ausreichend ist, diese zwei Portale im Blick zu behalten, weil weitere Portale in der Regel nur einen Ausschnitt der am Markt angebotenen Immobilien bein-

---

[10] www.immobilienscout24.de

[11] www.immowelt.de

halten. Es wäre daher Zeitverschwendung, Dubletten in anderen Portalen zu sichten, die auch bei den Marktführern eingestellt sind. Denn Verkäufer von Immobilien sind in heutiger Zeit hinreichend schlau, Ihre Angebote zumindest auch auf den größten und wichtigsten Marktplätzen ins Schaufenster zu stellen. Es wäre naiv, etwas anderes anzunehmen und auf einem abseitigen Internetportal einen versteckten Rohdiamanten zu suchen.

Wenn Sie beginnen, auf diesen Portalen zu stöbern, werden Sie nach einiger Zeit feststellen, dass dort viele Ladenhüter eingestellt sind, die in den Trefferlisten immer wieder auftauchen. Wenn Sie diese Ladenhüter einmal gesichtet haben, ist es für Sie jedoch eher lästig, immer wieder auf diese zu stoßen. Daher empfehle ich Ihnen, ein Suchprofil bei diesen Portalen anzulegen und eine automatisierte Emailbenachrichtigung zu aktivieren, wenn neue Angebote eingestellt werden. Das spart viel Zeit, weil Sie dann nicht mehr mit Adleraugen endlose Trefferlisten nach neuen Angeboten durchsuchen müssen. Außerdem ist so sichergestellt, dass Sie sofort nach Einstellung eines Angebotes auf dem Portal per Email auf dieses aufmerksam gemacht werden. Das ist ein nicht zu unterschätzender Vorteil. Denn bei den derzeit sehr angespannten Märken mit einem starken Überhang der Nachfrage über das Angebot werden potentielle Verkäufer von Immobilien relativ schnell mit Anfragen von Kaufinteressenten geradezu bombardiert. Das führt bei den Verkäufern dazu, dass diese nur den ersten Anfragen echte Aufmerksamkeit widmen und nach einiger Zeit die „Rollläden herunterlassen" und weitere Anfragen ignorieren.

b) Immobilienmakler

Beim Durchstöbern der Immobilienportale im Internet werden Sie relativ schnell auf Angebote von Immobilienmaklern stoßen. Möglicherweise werden Sie dabei auch den Eindruck gewinnen, dass Sie im Zielmarkt an Immobilienmaklern gar nicht vorbeikommen. Vor diesem Hintergrund möchte ich Sie auch über die rechtlichen Hintergründe und Zusammenhänge informieren, damit Sie wissen worauf es beim Kontakt mit Maklern ankommt.

Der Immobilienmakler hat dann Anspruch auf eine Maklerprovision, wenn der Kaufvertrag durch seinen **Nachweis oder** durch seine **Vermittlung** wirksam zustande kommt. Da ein Kaufvertrag über Immobilien der notariellen Beurkundung bedarf, kann der Provisionsanspruch des Maklers somit erst mit notarieller Beurkundung des Kaufvertrages entstehen. Nicht selten drängen Makler darauf, den Provisionsanspruch in den notariellen Kaufvertrag aufzunehmen. Davon ist jedoch abzuraten, da das die Notargebühren erhöht und darüber hinaus spätere Einwendungen gegen die Wirksamkeit des Provisionsanspruches abschneidet. Dafür besteht auch keine Notwendigkeit, weil der Provisionsanspruch des Maklers im Maklervertrag geregelt ist. Daher sollten Sie einen solchen Vorschlag des Maklers mit diesen Argumenten ablehnen.

Wenn Sie feststellen, dass Sie bei der Objektsuche nicht um einen Makler und damit eine Maklerprovision herumkommen, dann können Sie aus der Not eine Tugend machen und den Makler gezielt einschalten, um diesen mit der Suche nach einem bestimmten Objekt zu beauftragen. Der Vorteil dabei ist, dass Sie die Konditionen des Maklervertrages von Anfang an verhandeln und beeinflussen können und dem Makler darüber hinaus genaue Kriterien an die Hand geben können, damit dieser Ihnen gezielt die passenden Angebote anträgt. Eine solche Vorgehensweise kann auch dazu führen, dass der Makler Sie bei Eingang eines passenden Angebotes vorab kontaktiert und Sie somit früher als andere Immobilieninteressenten das Angebot prüfen können. Da Sie den Makler nur im Erfolgsfall bezahlen müssen (es sei denn, der Vertrag sieht etwas anderes vor), kostet Sie die Einschaltung von Maklern mit einem Suchauftrag auch so lange nichts, wie der Makler Ihnen kein geeignetes Objekt nachweist und Sie keinen Kaufvertrag abschließen.

Die große Kunst beim gelungenen Immobilienerwerb besteht auch in dem richtigen Timing, d.h. zur richtigen Zeit am richtigen Ort zu sein, um gezielt zugreifen zu können. Gute Angebote sprechen sich natürlich schnell herum und dann sind Sie nicht der einzige Interessent, so dass der Preis von mehreren Interessenten in die Höhe getrieben werden kann oder das Objekt bereits verkauft ist, wenn Sie erstmals davon erfahren. In diesem Zusammenhang kann es auch einen taktischen Vorteil bringen, einen Makler mit einem Vermittlungsauftrag einzuschalten, um den entscheidenden zeitlichen Vorsprung zu gewinnen.

Hierbei ist auch wichtig, dass Sie mit den richtigen Immobilienmaklern in Kontakt kommen. Ein schlecht verdrahteter Makler mit wenigen Immobilien im Vermittlungsbestand wird natürlich eher die Tendenz entwickeln,

Ihnen die wenigen verfügbaren Immobilien schön zu reden als ein Makler, der ein breit gefächertes Angebot hat. Hier können Sie durch ein bestimmtes Auftreten und durch die Mitteilung eines möglichst exakten Suchprofils dem Makler helfen, Sie zum richtigen Objekt zu führen. Gleichzeitig können Sie durch die Reaktion des Maklers auf die Mitteilung Ihres Suchprofils interessante Rückschlüsse ziehen, die eine Einschätzung ermöglichen, ob der Makler der richtige Partner ist, der Sie zu dem gewünschten Objekt führen kann. Wenn der Makler merkt, dass Sie genaue Vorstellungen haben und davon nicht abrücken, wird ein schlecht verdrahteter Makler das Interesse verlieren, weil er erkennt, dass er Ihnen die gewünschte Immobilie nicht vermitteln kann und daher nur seine und Ihre Zeit vergeudet. Ein entsprechend gut verdrahteter Makler wird daraufhin nur gezielt Angebote heraussuchen, die Ihren Vorstellungen möglichst nahe kommen.

Daher ist es sehr wichtig, vor der Einschaltung eines Maklers zunächst selbst Klarheit zu gewinnen über das eigene Suchprofil. Das immunisiert Sie gegen unsachliche Einflüsterungen, die Sie vom Weg abbringen könnten und ermöglicht Ihnen darüber hinaus, die notwendige Bestimmtheit an den Tag zu legen, um den Makler gezielt steuern zu können, damit er Sie möglichst ohne Umwege zu einem passenden Objekt führt.

c) Suchanzeigen

Suchanzeigen können ein durchaus innovatives Instrument sein, um eine Gelegenheit zum Kauf von Renditeimmobilien zu erschließen. Allerdings muss die Wirksamkeit bei der derzeitigen Marktlage bezweifelt werden, die durch einen starken Überhang der Nachfrage über das Angebot geprägt ist. Ein Verkäufer wird daher bei derzeitiger Marktlage in aller Regel nicht darauf verzichten, seine Immobilie auf den Marktplätzen der großen Internetportale anzubieten, um von der großen Nachfrage zu profitieren und einen möglichst hohen Preis zu erzielen. In einem Käufermarkt mit umgekehrten Vorzeichen wären Suchanzeigen durchaus ein viel versprechendes Instrument.

Eine Einschränkung wäre allenfalls für weniger gefragte Regionen zu machen. Allerdings stellt sich bei solchen Standorten die grundsätzliche Frage, ob diese für geeignete Renditeimmobilien überhaupt in Frage kommen.

d) Netzwerken

Das Netzwerken ist nach meiner Auffassung eine der besten Möglichkeiten, an gute Angebote für Renditeimmobilien heranzukommen. Damit meine ich den Aufbau und die Pflege von privaten und beruflichen Kontakten. Das schließt sowohl das Netzwerken im klassischen Umfeld als auch das Netzwerken im Internet ein.

Im Internet gibt es diese Möglichkeit z.B. über Google+ oder Facebook. Dort gibt es Communities, die zu bestimmten Themen und Interessensgebieten gegründet wurden. Sicherlich haben Sie einige Hobbies und private Interessen, die Sie ohnehin pflegen möchten. So können Sie das angenehme mit dem Nützlichen verbinden. Darüber hinaus gibt es auf diesen Plattformen auch Communities zu professionellen Themen, die Sie zum Aufbau von professionellen Netzwerken nutzen können.

Wenn Sie zum Beispiel Rechtsanwalt sind und schwerpunktmäßig im Familienrecht tätig, dann kann es sich anbieten, ein professionelles Netzwerk zu anderen Rechtsanwälten aufzubauen, die ebenfalls auf diesem Rechtsgebiet tätig sind. Insbesondere anlässlich von Ehescheidungen kommt es häufig zum Verkauf von Immobilien, weil ein Zugewinnausgleich von einem Ehepartner an den anderen gezahlt werden muss oder weil schlicht und einfach gemeinsames Vermögen auseinandersetzt werden muss. Nicht selten wird dann der Scheidungsanwalt gefragt, ob er Interessenten für den Kauf von Immobilien kennt. Aus dem gleichen Grund könnten Sie z.B. auch ein Netzwerk zu Notaren aufbauen. Denn auch mit Notaren gibt es berufliche Überschneidungen bei einer Tätigkeit als Rechtsanwalt auf dem Gebiet des Familienrechtes. Man denke nur an Eheverträge oder Testamente. Diese Beispiele lassen sich beliebig fortsetzen und ausdifferenzieren.

Wenn Sie etwas nachdenken in diese Richtung und sich selbst keine Denkverbote auferlegen, werden auch Ihnen intelligente Anknüpfungspunkte einfallen für innovatives Netzwerken zur Erschließung von günstigen Gelegenheiten zum Kauf von Renditeimmobilien. Gerade in angespannten Märkten wie wir sie derzeit vorfinden, sind solche innovativen Strategien zielführender als mit tausenden von anderen Interessenten auf ausgetretenen Pfaden um die wenigen Angebote zu kämpfen.

II. DIE STRATEGISCHEN PARTNER

Ein kluger Immobilieninvestor weiß, dass er selbst nicht alles weiß und nicht alles kann. Selbst wenn jemand ein Allroundtalent ist und sich sowohl mit rechtlichen als auch mit bautechnischen und finanziellen Fragen bestens auskennt, ist es gleichwohl nicht sinnvoll, alles selbst zu machen.

Was Sie auf jeden Fall selbst tun müssen und keinesfalls delegieren können, ist das Fällen von Entscheidungen. Insbesondere ängstliche Menschen neigen dazu, Entscheidungen auf andere zu delegieren, um möglichst wenig Verantwortung zu tragen und vielleicht auch, um einen Sündenbock zu haben, wenn es nicht wunschgemäß läuft. Eine derartige Denkweise ist weder hilfreich noch zielführend für einen Investor. Denn zum ersten müssen Sie die Konsequenzen der Entscheidungen ohnehin selbst tragen. Und zum zweiten ist es gar nicht möglich, derart weitreichende Entscheidungen auf andere zu delegieren. Daher sollte für Sie von Anfang an klar sein, dass Sie im Zentrum des Geschehens stehen und die Entscheidungen treffen. Sie sollten ein Netzwerk von Beratern und Dienstleistern so aufbauen und führen, dass die Fäden bei Ihnen zusammenlaufen. Wenn Sie das nicht wollen und lieber hinter einem Berater herlaufen, der möglichst alle Entscheidungen für Sie trifft, dann ist das ein starkes Indiz dafür, dass Sie als privater Immobilieninvestor wahrscheinlich nicht glücklich werden.

1. KANN ICH ALLES SELBST MACHEN?

Im Normallfall können Sie nicht alles selbst erledigen. Darüber hinaus gibt es weitere gute Gründe, strategische Partner einzubinden. Der geschickte Einsatz von strategischen Partnern kann auch verhandlungstaktische Vorteile bringen. Es ist ein wenig wie Schach spielen. Jede Art von Figuren auf dem Brett kann etwas, das andere Figuren nicht können und jede Figur ist dann am wertvollsten, wenn sie zur richtigen Zeit auf dem richtigen Feld steht und den richtigen Zug macht. Sie sind dabei der Schachspieler, der die Figuren bewegt und den strategischen Masterplan im Kopf haben muss.

Nehmen wir ein Bespiel: Sie sind zufälligerweise Bauingenieur oder Architekt von Beruf und haben durchaus ein Auge für die Beurteilung von Bausubstanz und von Baumängeln. Gleichwohl kann es aus verhandlungstaktischen Gründen hilfreich sein, einen Fachkollegen die Liste der Baumängel mit einer Schätzung der Kosten für die Beseitigung erstellen zu lassen. Denn eine von einem unabhängigen Dritten erstellte Liste strahlt in den Verhandlungen mit dem Verkäufer natürlich mehr Objektivität aus als eine von Ihnen selbst erstellte Liste. Daher lassen sich zielführende Kaufpreisverhandlungen damit besser führen.

2. WELCHE STRATEGISCHEN PARTNER BRAUCHE ICH?

Nachdem Sie nun erfahren haben, dass ein Netzwerk von Beratern und Dienstleistern für den Investor sinnvoll und nützlich ist, stellt sich die nächste Frage: Welche Berater und Dienstleister brauchen Sie und wie wählen Sie diese aus.

a) Der Immobilienmakler

Immobilienmakler sind für Sie als Investor wichtige Partner. Sie sind Zuträger von Angeboten und spielen darüber hinaus eine wichtige Rolle bei der Verhandlung des Kaufpreises. Daher ist es durchaus gut investierte Zeit, Kontakte zu Immobilienmaklern aufzubauen und zu pflegen.

Darüber hinaus können Makler wertvolle Informationsquellen sein. Große Maklerbüros veröffentlichen z.B. Statistiken und interessante Informationen zur allgemeinen Marktlage und zu Teilmärkten.[12] Ein Makler kann

---

[12] Sehr informativ ist z.B. der jährlich aktualisierte Marktbericht des Maklerunternehmens Engel & Völkers. Sie finden den Marktbericht 2016/2017 auf folgender Internetseite: https://goo.gl/7TG712

Ihnen mitunter auch Hintergrundinformationen zu einem lokalen Immobilienstandort und zu lokalen Wertentwicklungstrends geben. Da jedoch nicht alle Makler über wirklich profunde Informationen und Ortskenntnis verfügen, ist bei den gegebenen Informationen eine gewisse Skepsis geboten. Nach meiner Einschätzung ersetzt ein Makler als Informationsquelle keinesfalls eigene sorgfältige Prüfungen unter Auswertung aller verfügbaren Informationsquellen.

Sie sollten sich darüber im Klaren sein, welche rechtlichen Verpflichtungen Sie eingehen, wenn Sie Kontakt zu Maklern aufnehmen und deren Leistungen in Anspruch nehmen. Daher möchte ich Sie im Schnelldurchlauf über das Immobilienmaklerrecht informieren: Ein Maklervertrag kann formlos geschlossen werden, sollte aber zu Beweiszwecken besser schriftlich fixiert werden. In der Praxis kommt der Vertrag mit dem Kaufinteressenten in der Regel dadurch zustande, dass der Makler ein Exposé oder einen Objektnachweis zur Verfügung stellt und darin seine Provision angegeben ist. Der Immobilieninteressent nimmt den Maklervertrag an, indem er einen Objektnachweis unterzeichnet oder durch schlüssiges Verhalten indem er das Exposé entgegennimmt und sich die Leistungen des Maklers widerspruchslos gefallen lässt.[13] Sie müssen also als Käufer in aller Regel dann eine Makler-

---

[13] Bundesgerichtshof, Urteil v. 11.4.2002, abgedruckt in Neue Juristische Wochenschrift 2002, S. 1945 ff. und Bundesgerichtshof, Urteil v. 03.05.2012, abgedruckt in Neue Juristische Wochenschrift 2012, S. 2268 ff.

provision zahlen, wenn Sie den Erstkontakt zu dem Verkäufer über einen Makler erhalten haben und der Kaufvertrag über die Immobilie später wirksam geschlossen wird.[14]

Ist Ihnen das Objekt beim ersten Kontakt mit einem Makler bereits aus anderen Quellen bekannt, so sollten Sie das sofort mitteilen und auch schriftlich gegenüber dem Makler dokumentieren. Anderenfalls laufen Sie Gefahr, (auch) von diesem Makler auf die Provision in Anspruch genommen zu werden, wenn der Kaufvertrag später geschlossen wird. Unter Umständen müssen Sie sogar mehrere Maklerprovisionen zahlen, wenn Sie zu mehreren Maklern Kontakt hatten, die ein und dasselbe Objekt vermarkten. Denn für die Entstehung der Maklerprovision reicht die Mitursächlichkeit des Nachweises eines Maklers für das Zustandekommen eines Immobilienkaufvertrages aus. Eine Nachlässigkeit Ihrerseits kann daher sehr teuer werden, wenn Sie über ein Objekt von mehreren Maklern Informationen erhalten haben und nicht nachweisen können, dass Sie weitere Makler umgehend über Ihre bereits vorhandene Objektkenntnis informiert haben. Dokumentieren Sie daher sorgfältig, mit welchen Maklern Sie Kontakt hatten, wenn die Objekte ernsthaft in Frage kommen. Bei nicht in Frage kommenden Objekten können Sie sich diese Mühe sparen, weil eine Maklerprovision nur dann entstehen kann, wenn ein Kaufvertrag geschlossen wird. Bei offensichtlich unpassenden Objek-

---

[14] Siehe auch Bundesgerichtshof, Urteil v. 25.2.1999, abgedruckt in Neue Juristische Wochenschrift 1999, S. 1255 ff.

ten besteht daher für Sie keine Gefahr der Inanspruchnahme auf Provisionszahlung durch einen oder mehrere
Makler, weil ja feststeht, dass Sie keinesfalls einen Kaufvertrag unterschreiben werden.

Die Höhe der Maklerprovision kann im Prinzip verhandelt werden, auch wenn sich das in der Praxis schwie-
rig darstellt. Es gibt keine gesetzliche Vorschrift, die die
Provision auf einen bestimmten Prozentsatz festlegt.
Wenn keine Verhandlungen stattfinden und der Kaufvertrag geschlossen wird, fällt die Maklergebühr in der Höhe
an, in der der Makler diese in dem Exposé angegeben hat.
Die übliche Spanne reicht von 3% bis 7% des Kaufpreises.
Bei sehr hohen oder sehr niedrigen Kaufpreisen gibt es
auch Abweichungen von diesen Prozentsätzen. Regional
sehr unterschiedlich ist die Verteilung der anfallenden
Provision auf Käufer und Verkäufer. Nicht selten arbeitet
der Makler für beide Vertragsparteien, was § 654 BGB zulässt, sofern es nicht dem Inhalt des konkret vereinbarten
Maklervertrages zuwiderläuft. Der Umstand, dass der
Makler sich als solcher des Verkäufers ausgibt, schützt Sie
also nicht vor der Inanspruchnahme auf Zahlung einer
Maklerprovision als Käufer.

Hatten Sie erwartet, dass ich etwas zum Alleinauftrag
bzw. zum **qualifizierten Alleinauftrag** des Immobilienmaklers schreibe? Dann will ich Sie nicht enttäuschen,
obwohl Sie das Thema beim Immobilienkauf nur indirekt
betrifft: Der Alleinauftrag des Immobilienmaklers ist im
Gesetz **nicht** geregelt. Er wurde von der Praxis entwickelt,
um bestimmte Bedürfnisse des Maklers und des Verkäufers zu adressieren, die in der gesetzlichen Ausprägung

des Maklervertrages zu kurz kommen. Ein Alleinauftrag wird nur mit dem Immobilienverkäufer und niemals mit dem Kaufinteressenten geschlossen. Wie Sie sehen, betrifft Sie das Thema als Kaufinteressent nur indirekt. Wenn Sie jedoch eine Renditeimmobilie verkaufen wollen, ist es auf jeden Fall ein Thema für Sie.

Darüber hinaus kann es für Sie auch als Kaufinteressent eine wertvolle Information sein, ob tatsächlich ein solcher Alleinauftrag besteht, weil Sie dann wissen, dass der Makler eindeutig im Lager des Verkäufers steht und Ihnen gegenüber keine weitergehenden Pflichten hat. Denn der Alleinauftrag hat eine Erweiterung des Pflichtenkreises des Maklers gegenüber dem Verkäufer zur Folge. So ist der Makler z.B. verpflichtet, den Verkäufer über den am Markt erzielbaren Kaufpreis zutreffend zu beraten.[15] Bei einer solchen Sachlage dürfen Sie nicht erwarten, dass der Makler Ihre Interessen vertritt, weil er es gar nicht darf. Denn er ist dann Interessenvertreter des Verkäufers und nur diesem verpflichtet, einen möglichst hohen Verkaufspreis herauszuholen.

b) Die Bank

Ich hatte es bereits in den obigen Ausführungen anklingen lassen: Die Bank ist ein sehr wichtiger Partner für Sie. Denn die Bank ist Ihre Geldquelle, die Ihnen überhaupt ermöglicht, ein größeres Rad zu drehen und Ihre

---

[15] Oberlandesgericht Düsseldorf, Urteil v. 10.05.1996, abgedruckt in Neue Juristische Wochenschrift-RR 1997, S. 1278 ff.

Eigenkapitalrendite auf ein vielfaches der Basisrendite zu hebeln. Aus diesem Grunde ist es fast unmöglich, ohne eine Bank ein erfolgreicher Immobilieninvestor zu werden.

Ich ahne, dass Sie bereits darauf warten, was ich Ihnen zu der Rolle der Bank als Berater des Investors zu sagen habe. Ich habe dazu in der Tat etwas zu sagen. Sogar jede Menge. Denn schließlich war ich selbst mehr als 12 Jahre lang als Syndikus in der Rechtsabteilung einer Bank tätig und kenne daher die Denke von Banken sehr gut. Wenn Sie eine oder mehrere Banken ins Boot holen wollen, dann müssen Sie lernen, wie eine Bank zu denken. Das erleichtert vieles. Bisher haben Sie die Bank vielleicht e- her als ein notwendiges Übel angesehen. Das mag auch damit zusammenhängen, dass die Bank Sie hohe Darle- henszinsen zahlen lässt und Ihnen nur mikroskopisch kleine Guthabenzinsen zahlt und Sie darüber hinaus viel- leicht noch „nach Strich und Faden" durchleuchtet hat, weil Sie einen Autokredit oder einen Kredit für den Kauf einer selbst genutzten Immobilie brauchten.

Als privater Immobilieninvestor sollten Sie sich mög- lichst zügig von dieser Perspektive verabschieden und ei- nen klügeren und reiferen Standpunkt einnehmen: Ab heute ist eine Bank nicht mehr Ihr Feind, sondern viel- mehr Ihr strategischer Partner, der Ihnen nicht nur Geld gibt für die Erweiterung Ihres Aktionsradius' und für die Hebelung Ihrer Eigenkapitalrendite, sondern auch noch ein kostenloses Risikomanagement drauflegt. Ich schreibe das nicht, um Sie zu manipulieren oder Werbung für Ban- ken zu machen. Ich schreibe das, weil es aus der Perspektive eines Immobilieninvestors eine exakte Beschreibung der Realität darstellt.

Ich ahne, dass Sie skeptisch und noch nicht ganz überzeugt sind. Daher möchte ich Ihnen diese neue Perspektive im Folgenden weiter erklären: Die Bank ist von Gesetzes wegen verpflichtet, die mit einer Darlehensvergabe verbundenen Risiken zu steuern. Dazu hat sie interne Prozesse implementiert, um die Kreditwürdigkeit ihres Kunden einzustufen. Darüber hinaus stuft sie auch die Kreditwürdigkeit einer geplanten Investition ein. Das bedeutet, dass die Bank genau wissen möchte, ob eine Immobilie hinreichende Erträge abwirft, um daraus die Bewirtschaftungskosten und die Darlehensraten zu bestreiten. Darüber hinaus möchte die Bank wissen, ob die Immobilie werthaltig und der Kaufpreis angemessen und nicht überhöht ist. Denn die Immobilie wird als Sicherheit für das Darlehen benötigt und zu diesem Zweck mit einer Grundschuld für die Bank belastet.

Ist Ihnen etwas aufgefallen? Das sind doch die gleichen Fragen, die Sie sich als Immobilieninvestor stellen! Auch für Sie als Investor ist doch kriegsentscheidend, dass die Immobilie werthaltig ist und genügend Erträge abwirft. Lediglich die Motivation der Bank ist eine andere. Aber inhaltlich ändert das nichts daran, dass die Fragestellungen deckungsgleich sind. Bei Lichte betrachtet stellt der Prüfprozess der Bank daher für Sie eine Serviceleistung zur Erlangung von mehr Sicherheit dar. Diese Prüfung hat für Sie insbesondere deshalb einen echten Wert, weil Sie eine externe und objektive „Hausaufgabenüberwachung" zur Abschätzung des Risikos der geplanten Investition geschenkt bekommen. Denn wenn Sie die Bank nicht überzeugen können von der Werthaltigkeit und Kapitaldienstfähigkeit der Immobilie, dann sollte das für Sie selbst ein Alarmsignal sein, dass Sie etwas übersehen haben oder die Lage zu optimistisch einschätzen.

Für einen möglichst überzeugenden Auftritt bei Ihrer Bank sollten Sie vor dem ersten Gespräch auf jeden Fall die Unterlagen zusammentragen, die immer benötigt werden. Daher finden nachfolgend eine **Checkliste**, welche Unterlagen die Bank in jedem Fall erwartet:

Unterlagen zum Kreditnehmer

(1) Einkommensnachweise der letzten 3 Monate (Gehaltsabrechnungen, Rentenbescheid etc.)

(2) Einkommensteuerbescheide der letzten 3 Jahre

(3) Nachweis des vorhandenen Eigenkapitals (z.B. Kontoauszüge, Wertpapierdepotauszüge etc.)

(4) Unterlagen über Bausparverträge und / oder Lebensversicherungen

(5) Beidseitige Kopien der Personalausweise aller Kreditnehmer

(6) Unterlagen über bereits bestehende Kreditverbindlichkeiten

Unterlagen zur Immobilie

(1) Grundbuchauszug - nicht älter als 3 Monate

(2) Teilungserklärung (nur für Eigentumswohnungen)

(3) Grundstückskaufvertrag (Entwurf)

(4) Erbbaurechtsvertrag (nur bei Erbbaugrundstücken)

(5) Amtlicher Lageplan (Katasteramt)

(6) Bauzeichnungen, Berechnung umbauter Raum und der Wohnfläche, Baubeschreibung (Bauaufsichtsamt oder Verkäufer)

(7) Aussagekräftige Fotos der Immobilie (nur bei Bestandsimmobilien)

(8) Aufstellung durchgeführter Instandhaltungs- und Sanierungsmaßnahmen mit Daten

(9) Unterlagen über Gebäudeversicherung

(10) Bauvertrag für die Immobilie und Kostenberechnung des Architekten (nur bei Neubauten)

(11) Baugenehmigung bzw. Bauanzeige (nur bei Neubauten)

(12) Mietverträge und Kontoauszüge bezüglich des Mieteinganges der letzten 3 Monate (nur bei vermieteten Immobilien)

(13) Darstellung der Kapitaldienstfähigkeit der Immobilie für den angestrebten Darlehensanteil

c) Der Bausachverständige

Als Immobilieninvestor müssen Sie beim Ankauf von Renditeimmobilien auch den baulichen Zustand der Immobilie kritisch prüfen. Dabei sollten Sie zumindest eine überschlägige Untersuchung durch einen Sachverständigen in Erwägung ziehen, die eine Beurteilung des Erhaltungszustandes und von etwaigen Baumängeln ermöglicht.

Da Verkäufe von Bestandsimmobilien in aller Regel **ohne Mangelgewährleistungsansprüche** erfolgen, müssen Sie sich ein detailliertes und belastbares Bild zu diesen Punkten machen. Wenn Sie nicht zufällig von Beruf Architekt oder Bauingenieur sind, dann werden Sie eine solche Prüfung nicht alleine bewältigen können. Damit ist kein umfangreiches Gutachten gemeint. Im Normalfall ist eine Auflistung von Bauschäden und Baumängeln mit einer überschlägigen Abschätzung der Kosten zur Beseitigung ausreichend. Wenn es Anhaltspunkte für gravierendere Mängel gibt, dann müssen Sie natürlich gründlicher prüfen lassen.

Insbesondere wenn der Verkäufer nicht in der Lage ist, aussagekräftige Unterlagen vorzulegen, die Aufschluss über die Bauausführung und die in der Vergangenheit erfolgten Sanierungsmaßnahmen geben, bleibt gar nichts anderes übrig als die Bausubstanz prüfen zu lassen. Ein neutrales Bausubstanzgutachten gibt Sicherheit vor unangenehmen Überraschungen. Es schafft Klarheit über den Zustand der Immobilie, stellt den Instandsetzungs- und Modernisierungsbedarf fest und zeigt die Kosten auf, mit denen gerechnet werden muss. Es schützt Sie als Käufer davor, ein Gebäude zu erwerben, dessen Kaufpreis dem tatsächlichen Wert nicht entspricht, weil erhebliche Summen für die Sanierung aufgewendet werden müssen.

In diesem Zusammenhang kann es sinnvoll sein, eine Vermessung der Wohn- und Nutzflächen mit zu beauftragen, um die Flächenangaben des Verkäufers zu prüfen. Weil es nicht selten vorkommt, dass ein tatsächliches Flächenaufmaß Abweichungen von Planunterlagen und Angaben des Verkäufers zu Tage fördert, können sich daraus auch schlagkräftige Kaufpreisargumente ergeben. Es hat auch verhandlungstaktische Vorteile, hier eine dritte Person zuzuziehen, die zum einen nachweislich über die Expertise verfügt, diese Punkte professionell zu beurteilen, und zum anderen eine gewisse Objektivität suggeriert.

d) Der Wertgutachter

Es gibt am Markt eine Vielzahl von Anbietern von Immobilienbewertungen. Teilweise bieten Immobilienmakler und Banken eine überschlägige Wertermittlung der Immobilie für Verkäufer an. Darüber hinaus gibt es professionelle Anbieter von Wertgutachten, die nichts anderes tun als Gutachten gegen Honorar zu erstellen. Diese professionellen Wertgutachter begegnen uns zum Beispiel bei den Verkehrswertgutachten, die anlässlich einer Zwangsversteigerung vom Amtsgericht bei einem öffentlich vereidigten Sachverständigen in Auftrag gegeben werden. Sie finden solche Gutachten kostenlos zum

Download auf den entsprechenden Internetseiten der Justiz.[16]

Sie werden sich natürlich fragen, welchen Wert solche Gutachten für die Entscheidung über den Ankauf haben und, ob Sie ein solches zwingend benötigen. Eine Antwort auf diese Frage fällt etwas differenzierter aus, als Sie vielleicht vermuten würden: Der Marktwert oder Verkehrswert (die beiden Begriffe werden synonym verwendet) einer Immobilie ist kein mit mathematischer und physikalischer Präzision messbarer Wert. Denn für den Marktwert einer Immobilie spielen sehr viele Faktoren eine Rolle. Diese Faktoren sind zudem keine harten Konstanten, sondern vielmehr Faktoren, die ihrerseits von Einschätzungen und Erwartungen abhängen. Damit besteht eine vertretbare Bandbreite von Einschätzungen der einzelnen Wertfaktoren und damit im Ergebnis auch eine gewisse Bandbreite an möglichen Festlegungen des angemessen Verkehrswertes durch einen Gutachter. Sie sollten Wertgutachten daher sehr kritisch lesen und insbesondere Ihren Blick auf die Begründung des Gutachters richten, bestimmte Annahmen zu den relevanten Faktoren zu treffen.

Die Bewertung von Immobilien ist gesetzlich geregelt in der Immobilienwertermittlungsverordnung (ImmoWertV). Allerdings stellt sich bei genauem Hinsehen heraus, dass die ImmoWertV dem Gutachter erhebliche

---

[16] http://www.zvg-portal.de/

Spielräume lässt bei der Wertermittlung. Die ImmoWertV lässt drei Bewertungsverfahren zu:

- **Vergleichswertverfahren**
- **Ertragswertverfahren**
- **Sachwertverfahren**

Bei der Bewertung einer Renditeimmobilie wird das Ertragswertverfahren am häufigsten verwendet. Lediglich zur Plausibilisierung der Wertermittlung werden am Ende eines Gutachtens zuweilen noch kurze Ausführungen zum Vergleichswert- und Sachwertverfahren gemacht.

Daher konzentriere ich mich in der folgenden Darstellung auf das Ertragswertverfahren. Dabei wird als Grundlage der Wertermittlung die **erzielbare Miete** für die Flächen genommen. Diese Mieteinnahmen werden dann wiederum mit einem **Vervielfältiger** multipliziert, der von der Lage und vom baulichen Zustand der Immobilie abhängt. Das kommt Ihnen bestimmt bekannt vor! Denn genau diese Überlegungen hatten wir bereits oben kennengelernt bei der Ermittlung der möglichen Rendite einer Immobilie. Damit sind bereits zwei der wichtigsten Faktoren für die Ermittlung des Immobilienwertes nach dem Ertragswertverfahren identifiziert. So weit, so gut.

Allerdings ist es bei genauerem Hinsehen etwas komplizierter. Der Gutachter ist gehalten, die nachhaltig am Markt erzielbare Miete zugrunde zu legen. Häufig erfolgt dann noch ein Hinweis, dass die tatsächlichen Mieteinnahmen aufgrund der aktuellen Mietverträge demnach unterhalb oder oberhalb der angemessenen Marktmiete liegen. Hier sollten Sie genau hinschauen, auf welche Quellen der Gutachter seine Annahmen stützt. Wenn er z.B. auf den Mietspiegel der Stadt zurückgreift, dann besteht auch hier eine gewisse Bandbreite von relevanten Marktmieten, die natürlich auch von der Mikrolage der Immobilie und vom baulichen Zustand und von der Ausstattung abhängen. Da jedoch der Mietspiegel nur sehr vergröbernde Kategorien enthält wie z.B. **einfache**, **mittlere** und **gute Lage** und Ausstattung mit oder ohne Zentralheizung, wird hier die Einstufung naturgemäß Ungenauigkeiten enthalten. Wir wissen alle nur zu gut, dass in ein und derselben Straße sehr unterschiedliche Marktmieten bestehen können. Insbesondere in Großstädten, die im zweiten Weltkrieg stark zerstört worden sind, können in einem Straßenzug direkt nebeneinander wunderschöne Altbauten aus der Zeit der Jahrhundertwende und Zweckbauten aus minderwertigen Baumaterialien aus den ersten Nachkriegsjahren stehen. Wenn nun für die Wertermittlung auf die durchschnittlich für dieses Stadtgebiet erzielbare Marktmiete zurückgegriffen wird, liegt auf der Hand, dass die Bewertung ungenau ist. Ein sehr gründlicher Gutachter wird versuchen, diese Unschärfen möglichst klein zu halten. Ein weniger gründlicher Gutachter wird sich diese Mühe nicht machen. Ich schreibe das nicht, um die Gutachterbranche anzuschwärzen und schlecht zu reden. Vielmehr möchte ich Sie in den Stand versetzen, mit Gutachten möglichst intelligent umzugehen und die Annahmen des Gutachters kritisch zu hinterfragen.

Für den vom Gutachter angenommenen Vervielfältiger gilt ähnliches. Es gibt Durchschnittswerte für bestimmte

Stadtgebiete, die natürlich im Hinblick auf die Mikrolage und den baulichen Zustand justiert werden müssen. Auch hier sollten Sie genau hinschauen, mit welchen Annahmen der Gutachter gearbeitet hat und auf welche Quellen er sich stützt. Hierbei kommt in der Regel noch eine weitere Stellgröße ins Spiel: Die Annahme der Restnutzungsdauer eines Gebäudes. Diese hat große Auswirkungen auf den relevanten Vervielfältiger und damit auf den Verkehrswert insgesamt. Auch hier ist die Bandbreite vertretbarer Annahmen des Gutachters erheblich.

Bitte beachten Sie darüber hinaus, dass ein Verkehrswertgutachten die genaue Untersuchung und Begutachtung der Bausubstanz im Regelfall **nicht** enthält, weil es hinsichtlich der Renovierungs- und Sanierungskosten nur mit überschlägig ermittelten Arbeitshypothesen operiert. Das beruht darauf, dass der Wertgutachter die Immobilie nur einer überschlägigen Sichtprüfung unterzogen hat und häufig auch gar nicht über das Fachwissen verfügt, die Bausubstanz und technischen Anlagen tiefgründiger zu untersuchen. Diese Informationslücke kann nur durch ein Bausubstanz- und Baumängelgutachten eines Architekten oder Bauingenieurs geschlossen werden. Ich zitiere an dieser Stelle zu Demonstrationszwecken aus einem Verkehrswertgutachten zu einem Mietwohnhaus, das anlässlich der Zwangsversteigerung erstellt wurde:

„...Eine Öffnung von Bauteilen (z.B. von Verkleidungen) zur Untersuchung der darunter befindlichen Konstruktionen bzw. Materialien, hat nicht stattgefunden. Festgestellte Bauschäden und Baumängel können daher unvollständig sein. Die Funktionsfähigkeit einzelner Bau-

teile und Anlagen wurde nicht überprüft. Die Funktionsfähigkeit der technischen Einrichtungen (z.B. Heizung,
Elektroanlagen etc.) wird bei der Bewertung unterstellt.
Der Ansatz für Baumängel, Bauschäden, Reparaturstau
bzw. Instandsetzungsbedarf ist nicht als Investitions-
summe zu interpretieren. Hierzu wäre eine weitaus aufwendigere und differenziertere Untersuchung und Kos-
tenermittlung notwendig..."

Diese Ausführungen des Gutachters bringen den Be-
wertungsfokus sehr gut auf den Punkt und sind daher eine gute Zusammenfassung, wie Verkehrswertgutachten
richtig zu lesen und zu interpretieren sind.

Verkehrswertgutachten können auch interessante Informationen über baurechtliche Verhältnisse enthalten.
Da die Gutachten jedoch insoweit häufig Einschränkun-
gen hinsichtlich der Gewährleistungen für Richtigkeit und
Vollständigkeit enthalten, können diese Angaben für Sie
nur Ausgangspunkt der Überlegungen sein. Sie ersetzen
nicht den Aufwand, selbst einen Blick in einen aktuellen
Grundbuchauszug und die Baugenehmigung zu werfen.

Zusammenfassend lässt sich festhalten, dass Verkehrswertgutachten durchaus interessante Informationsquellen sind. Sie sind jedoch zu interpretieren und hinsichtlich der Bewertungsgrundlagen und Annahmen kritisch zu hinterfragen. Sie ersetzen keinesfalls eigene Überlegungen und Kalkulationen zum angemessenen Kaufpreis der Immobilie und zur erzielbaren Rendite. Wenn
ein Wertgutachten kostenlos zur Verfügung steht (z.B. bei
Zwangsversteigerungen), sollten Sie das ruhig mitnehmen

und auswerten. Es ist jedoch eher zweifelhaft, ob sich die Beauftragung eines Verkehrswertgutachtens im Einzelfall lohnt.

e) Die Hausverwaltung

Hausverwaltungen gibt es in Deutschland in großer Anzahl. Sie sind fast so häufig wie Immobilienmakler. Eine Hausverwaltung ist nach meiner Einschätzung eine sinnvolle Investition, weil Sie so als Investor von zeitraubenden administrativen Aufgaben entlastet werden. Dazu gehört z.B. die Erstellung einer Nebenkostenabrechnung für die Mieter. Darüber hinaus hat eine Hausverwaltung die sinnvolle Funktion, Sie gegen Anfragen von Mietern abzuschirmen. Glauben Sie mir, dass es nicht zielführend ist, mindestens einmal täglich von einem Mieter angerufen zu werden wegen eines verstopften Abflusses oder eines zu lauten Nachbarn. Insbesondere laufen Sie Gefahr, Konflikte mit den Mietern zu bekommen, wenn all diese Beschwerden Ihrer Mieter direkt bei Ihnen anlanden. Eine als Puffer zwischengeschaltete Hausverwaltung wirkt da wahre Wunder.

Es ist zwar richtig, dass die Kosten der Hausverwaltung nicht auf die Mieter über die Nebenkosten umgelegt werden können. Allerdings können diese Kosten sehr wohl als Werbungskosten von der Steuer abgesetzt werden. Außerdem sind die Kosten einer Hausverwaltung aus den oben dargestellten Gründen gut investiertes Geld.

f) Der Rechtsanwalt

Der Erwerb und die Finanzierung einer Renditeimmobilie sind komplexe Vorgänge. Sie müssen dabei viele rechtlich geprägte Themen abarbeiten und diverse Verträge abschließen. Zum Pflichtprogramm gehört z.B. die Prüfung der Baugenehmigung und der Mietverträge. Schließlich müssen Sie wissen, was im Kaufvertrag und im Darlehensvertrag stehen sollte und wie man einen Grundbuchauszug richtig liest. Das ganze müssen Sie so organisieren, dass die Verträge in der richtigen Reihenfolge und zur richtigen Zeit geschlossen werden können, damit Sie nicht in Schadensersatzansprüche hineinlaufen, wenn der Vollzug eines Immobilienerwerbes scheitert.

Sie können natürlich versuchen, all diese Aufgaben selbst zu bewältigen und auf die Einholung von Rechtsrat verzichten, um Kosten zu sparen. Wenn Sie zufälligerweise selbst Jurist sind, ist das sicherlich eine durchaus vertretbare Vorgehensweise. Wenn es jedoch später Probleme gibt, weil Sie etwas übersehen haben, dann wird Ihnen erfahrungsgemäß später eingeholter Rechtsrat nicht mehr helfen können, den Schaden abzuwenden, weil die Verträge bereits abgeschlossen worden sind. Bestenfalls können Sie dann noch den Schaden begrenzen. Insbesondere bei den Mietverträgen steckt der Teufel im Detail. So sind beispielsweise alle vereinbarten Mietzinsstaffeln unwirksam, wenn nur bei einer einzigen der Zeitraum kleiner als 12 Monate gewählt ist oder wenn die jeweils greifenden Mieterhöhungen nicht zusätzlich in €-Beträgen angegeben sind, sondern nur prozentual.[17]

Wichtig ist dabei, dass Sie einen Rechtsanwalt wählen, der etwas vom Immobilien- und Darlehensrecht versteht und sich nicht erst einarbeiten muss, wenn Sie ihm eine Frage stellen. Wenig hilfreich sind zudem Auskünfte von Rechtsanwälten, die besagen, dass es so oder so sein könnte und man nichts Genaues abschließend und verbindlich sagen kann. Solche Auskünfte sind leider keine Seltenheit bei Juristen. Sie brauchen aber eine echte Entscheidungshilfe und keine vage Beleuchtung von unzähligen Problemherden, die theoretisch denkbar sind, aber praktisch keine nennenswerte Relevanz haben.

Moderne Rechtsanwälte arbeiten per Email und Telefon. Ich jedenfalls sehe keinen Nährwert darin, mich ins Auto zu setzen, um zu einer Anwaltskanzlei zu fahren, dort im Wartezimmer der Kanzlei noch eine weitere halbe Stunde Zeit zu verlieren, nur um am Ende des Tages dem Rechtsanwalt die Hand zu schütteln und in einem bibliotheksähnlichen Büro in einem Designersessel Platz zu nehmen. Als Immobilieninvestor benötigen Sie schnelle und unkomplizierte Auskünfte zu den vorliegenden Unterlagen und schnelle Lösungsansätze zu auftauchenden Problemen. Da ist das Kommunikationsmittel Email und Telefon ein großer Vorteil. Wenn Sie als Immobilieninvestor erfolgreich sein wollen, müssen Sie Ihre Zeit möglichst

---

[17] Landgericht Nürnberg-Fürth, Urteil v. 27.06.1997, abgedruckt in Zeitschrift für Mietrecht 1997, S. 648 ff.

ökonomisch und sinnvoll einsetzen. Je erfolgreicher Sie werden und je mehr Investmentgelegenheiten sich Ihnen bieten, desto mehr werden Sie erkennen, dass Zeit Ihr kostbarstes Gut ist.

g) Der Steuerberater[18]

Nach meiner Einschätzung sind die steuerrechtlichen Fragen bei Renditeimmobilien überschaubar und in aller Regel auch ohne einen Steuerberater zu bewältigen. Im Kapitel VII. dieses Strategieratgebers finden Sie eine Einführung in das immobilienrelevante Steuerrecht, die nahezu alle praxisrelevanten Fragen beantwortet. Ich verweise wegen der Einzelheiten zur Vermeidung von Wiederholungen auf die Ausführungen im Abschnitt VII. 1. b).

Ob Sie einen Steuerberater einschalten wollen, um administrative Aufgaben wie die Erstellung einer Steuererklärung erledigen zu lassen, ist Geschmackssache. Ich ziehe es vor, diese Aufgaben selbst zu erledigen, weil ich die Erfahrung gemacht habe, dass es nahezu der gleiche Arbeitsaufwand ist, einen Steuerberater mit den relevanten Informationen zu versorgen oder diese gleich selbst in

---

[18] Ich verweise auf eine weiteres Buch von mir, das ausschließlich steuerrechtlichen Themen bei Kapitalanlagen in Wohnimmobilien gewidmet ist: „Steuerleitfaden für Immobilieninvestoren: Der ultimative Steuerratgeber für Privatinvestitionen in Wohnimmobilien". Sie finden das Buch bei Amazon unter dem folgenden Kurzlink: http://amzn.to/22Fkqxk. Der Steuerleitfaden enthält auch eine konkrete Anleitung zum Ausfüllen der relevanten Steuerformulare (Anlage V).

die Steuererklärung einzutragen. Die Erstellung einer Steuererklärung ist kein Hexenwerk. Wenn Sie Ihre Hausaufgaben als Immobilieninvestor immer gemacht haben und den Empfehlungen in diesem Buch gefolgt sind, dann werden Sie stets alle relevanten Informationen griffbereit haben. Wenn Sie einmal die Steuererklärung selbst gemacht haben, werden Sie im Folgejahr nicht mehr viel Zeit benötigen, um die entsprechenden Angaben in die relevanten Formulare einzutragen. Das gilt umso mehr als die von der Finanzverwaltung als Datei vorgehaltenen Elster-Formulare eine Übernahme der Eintragungen aus dem Vorjahr ermöglichen.

III. SYSTEMATISCHE PRÜFUNG DER RENDITEIMMOBILIE

Sie hatten oben bereits erfahren, nach welchen Kriterien ein Suchprofil für geeignete Renditeimmobilien entwickelt werden kann. Wenn Sie eine Immobilie gefunden haben, die diesen Kriterien entsprechen könnte, müssen Sie diese kritisch unter die Lupe nehmen. In den folgenden Abschnitten werde ich Ihnen zeigen, wie Sie systematisch Immobilienangebote durchprüfen, um mit möglichst wenig Aufwand zu möglichst verlässlichen Ergebnissen zu kommen.

1. WELCHE RENDITE IST ERZIELBAR?

Ausgangspunkt der Überlegungen ist die mit der konkreten Immobilie erzielbare Rendite. Dabei ist natürlich der Kaufpreis ein ganz entscheidender Aspekt.

Wenn Sie ein Immobilienexposé auswerten, in dem eine Kaufpreisvorstellung des Verkäufers angegeben ist, rechnen Sie zunächst mit der Arbeitshypothese weiter, dass bei einer detaillierten Prüfung keine Befunde ans Licht kommen, die eine negative Abweichung vom zu erwartenden baulichen Zustand der Immobilie oder von den

Rechtsverhältnissen der Immobilie darstellen. Das bedeutet, dass Sie das Investment zunächst so kalkulieren als würde als Ergebnis bereits feststehen, dass alles in Ordnung ist.

Sie werden jetzt vielleicht etwas verwirrt sein und fragen, wie man denn eine solche Annahme treffen kann, wenn man noch gar nichts konkret untersucht hat und gar nicht was, was alles im Argen liegt. Diese **Annahme** dient dazu, zunächst einmal einen Fixpunkt zu definieren für die Berechnungen und die weiteren Überlegungen. Wenn Sie nicht mit dieser Arbeitshypothese an den Start gehen, würden Sie sich nur im Kreis drehen. Das heißt, Sie würden etwas hier und etwas da prüfen und feststellen, dass dieser und jener Reparaturstau und Baumangel vorhanden ist, der eventuell zu einem Kaufpreisabschlag in dieser oder jener Höhe führen sollte, um dann durch viele komplizierte Überlegungen am Ende des Tages vielleicht einen Kaufpreis ermittelt zu haben aus zahlreichen Abschlägen von den Kaufpreisvorstellungen des Verkäufers, mit dem Sie dann eine darstellbare Rendite errechnen. Eine solche Vorgehensweise ist nicht effizient und viel zu zeitraubend. Sie müssen sich daran gewöhnen, dass Sie als Immobilieninvestor sehr viele Angebote sichten und grob kalkulieren müssen bis Sie eine geeignete Renditeimmobilie finden. Daher müssen Sie effizient vorgehen.

Sie gehen daher so vor, dass Sie sich bei einer grundsätzlich in das Suchprofil passenden Immobilie zunächst keine Gedanken über mögliche negative Befunde und angemessene Kaufpreisabschläge machen, sondern einfach die Kaufpreisvorstellung des Verkäufers (die natürlich überzogen ist und noch verhandelt werden muss) ins Verhältnis zu den tatsächlich erzielten oder erzielbaren Mieten setzen. Natürlich addieren Sie die Kaufnebenkosten hinzu, um realistische Ergebnisse zu erhalten. Sie können für die Berechnung das als Bonusmaterial zu diesem Buch verfügbare Berechnungstool verwenden (siehe S. 83). Alternativ können Sie aus Vereinfachungsgründen zunächst pauschal mit 12% Kaufnebenkosten rechnen.

Wenn Sie bei dieser ersten Berechnung eine unakzeptable Rendite ermitteln, dann reduzieren Sie den Kaufpreis pauschal um 10% „Verhandlungsreserve" und schauen sich an, wie sich die Rendite verändert. Wenn die Rendite dann immer noch mikroskopisch klein ist, dann ist das ein deutliches Indiz dafür, dass diese Immobilie als Renditeimmobilie nicht geeignet ist. Denn mit einer solchen Immobilie würden Sie auch dann nicht auf einen grünen Zweig kommen, wenn sich bei der detaillierten Prüfung herausstellt, dass es keine kritischen Befunde gibt, die die erste Berechnung einer möglichen Rendite in Frage stellen. Erst wenn Sie bei dieser Vorgehensweise auf eine interessante und akzeptable Rendite kommen, beginnen Sie, Zeit und Kraft in weitere Überlegungen zu investieren, die Sie so aufbauen wie in den folgenden Abschnitten dargestellt.

2. WELCHER KAUFPREIS IST ANGEMESSEN? - VERLÄSSLICHE QUELLEN FÜR MARKTDATEN

Bei der Frage, welcher Kaufpreis angemessen ist, kann es zur Orientierung sehr hilfreich sein, zunächst die verfügbaren Marktdaten auszuwerten, die für den konkreten Standort vorhanden sind. Die relevanten Faktoren sind natürlich die nachhaltig erzielbare Miete und der relevante Vervielfältiger. Dabei sollten Sie auf möglichst zuverlässige Datenquellen zurückgreifen.

a) Marktmiete und relevanter Vervielfältiger

Die Marktmiete können Sie aus dem aktuellen Mietspiegel ermitteln. Wenn es einen solchen für die Stadt oder Gemeinde nicht gibt, müssen Sie auf andere Datenquellen zurückgreifen wie z.B. Erhebungen von Immobilienmaklerunternehmen. Weil es sich dabei um Durchschnittszahlen handelt, werden sie den ermittelten Wert noch justieren müssen für die konkrete Immobilie. Der Mietspiegel enthält verschiedene Kategorien (z.B. einfache, mittlere und gute Lage), für die die Durchschnittsmiete bzw. eine Bandbreite angegeben werden. Ob der obere Bereich der im Mietspiegel angegebenen Bandbreite oder der untere Bereich angemessen ist, hängt von weiteren Faktoren wie der Mikrolage und dem Zustand und der Ausstattung der Immobilie ab.

Aktuelle Durchschnittszahlen für Vervielfältiger in einer Stadt oder einem Stadtgebiet können Sie z.B. aus Marktberichten großer Immobilienmaklerunternehmen ableiten.[19] Dabei sollte Ihnen bewusst sein, dass es sich um Durchschnittszahlen handelt, die Sie nach oben oder unten abrunden können, wenn die konkrete Mikrolage und der bauliche Zustand der Immobilie dafür sprechen. Bei der Wahl des zutreffenden Vervielfältigers besteht ein gewisser Spielraum. Wenn sie mit dem relevanten Vervielfältiger in Kaufpreisverhandlungen argumentieren, müssen Sie das selbstverständlich mit Argumenten untermauern, die auf die konkrete Immobilie (Mikrolage und baulicher Zustand) abstellen.

b) Richtwerttabellen der Gutachterausschüsse

Eine durchaus aussagekräftige Informationsquelle zur Absicherung des ermittelten Wertes der Immobilie nach dem Ertragswertverfahren sind die amtlich ermittelten Bodenrichtwerte für Grundstücke und die Marktrichtwerte für Wohnungen. Diese Daten beruhen nicht auf dem Ertragswertverfahren, sondern auf dem Vergleichswertverfahren.

Grundlage für die jährlich aktualisierten Veröffentlichungen durch den Gutachterausschuss sind die in der Gemeinde tatsächlich erfolgten Grundstücksverkäufe, die dem Gutachterausschuss von den Notaren gemeldet werden müssen. Die Ergebnisse dieser Arbeit werden der Allgemeinheit in Form von Bodenrichtwerttabellen und Bo-

---

[19] Ich verweise z.B. auf die folgende Internetseite des Maklers Engel & Völkers: https://goo.gl/7TG712

denrichtwertkarten zugänglich gemacht, die gegen eine Gebühr bei den Gutachterausschüssen bezogen werden können.[20] Der Bodenrichtwert ist ein Durchschnittswert, der auf den Quadratmeter Grundstückfläche herunter gebrochen ist. Die Gutachterausschüsse ermitteln darüber hinaus Marktrichtwerte für Eigentumswohnungen, indem auch hierfür durchschnittliche Preise pro Quadratmeter Wohnfläche ermittelt werden. Da die von den Gutachterausschüssen ermittelten Zahlen und Darstellungen aus tatsächlichen Vertragsabschlüssen und den daraus gewonnen Daten abgeleitet werden, sind diese Zahlen durchaus aussagekräftig.

Diese Werte können Sie zur Plausibilisierung des Kaufpreises heranziehen, den Sie anhand der Marktmiete und anhand des relevanten Vervielfältigers ermittelt haben.

3. WORAUF KOMMT ES AN (PRÜFKRITERIEN)?

Aus den vorhergehenden Kapiteln konnten Sie schon eine Menge Informationen mitnehmen, worauf es bei der Prüfung einer Renditeimmobilie ankommt. Bei den folgenden Ausführungen geht es darum, eine ganz konkrete Immobilie systematisch und gründlich unter die Lupe zu nehmen und alle relevanten Unterlagen und Informati-

---

[20] Siehe: http://www.gutachterausschuesse-online.de

onsquellen auszuwerten. Ziel einer solchen Prüfung ist es, alle wert- und preisrelevanten Annahmen mit den tatsächlichen Gegebenheiten abzugleichen. Stellt sich bei der Prüfung heraus, dass alles so ist, wie es sein sollte, dann ist das gut. Wenn das nicht der Fall ist, muss überlegt und entschieden werden, ob die negativen Abweichungen ein „Dealkiller" sind oder ob sich das Problem durch eine Kaufpreisreduzierung lösen lässt.

Wenn sich z.B. durch Einsicht in ein Altlastenverdachtskataster der Gemeinde herausstellt, dass es einen konkreten Altlastenverdacht gibt, weil auf dem Grundstück zuvor z.B. eine Tankstelle oder eine Lackiererei betrieben wurde und ein Gutachten gerade bestätigt hat, dass das Erdreich mit gefährlichen Schadstoffen verseucht ist, dann ist das definitiv ein „Dealkiller". Denn bei einer solchen Lage würden Sie durch den Erwerb des Grundstücks zum möglichen Adressaten einer Sanierungsverfügung der Behörde werden. Denn der aktuelle Eigentümer kann von der Behörde auch dann mit einer Verfügung zur Sanierung von Altlasten verpflichtet werden, wenn er diese nicht verursacht hat.

Nehmen wir ein weniger dramatisches Beispiel: Bei der weiteren Prüfung stellt sich heraus, dass sich in den Wohnungen eines Mietwohnhauses Nachtspeicheröfen befinden, die Asbest enthalten. Die Entsorgung von asbesthaltigen Nachtspeicheröfen ist kostenaufwendiger als die Entsorgung von nicht asbesthaltigen. Ein solcher Befund ist daher für Sie als Investor keine gute Nachricht. Allerdings ließe sich ein solcher Umstand durch eine Kaufpreisreduzierung adressieren. Er stellt jedenfalls keinen „Dealkiller" dar, der den Kauf insgesamt undenkbar werden lässt.

4. Prüfung der Bausubstanz und Objektqualität

Da Verkäufe von Bestandsimmobilien in aller Regel **ohne Gewährleistungsansprüche** erfolgen, müssen Sie sich ein detailliertes und belastbares Bild zum baulichen Zustand machen. Wenn Sie nicht zufällig von Beruf Architekt oder Bauingenieur sind, dann werden Sie eine solche Prüfung nicht alleine bewältigen können. Mit der Prüfung des baulichen Zustandes ist kein umfangreiches Gutachten gemeint. Im Normalfall ist eine Auflistung von Bauschäden und Baumängeln mit einer überschlägigen Abschätzung der Kosten zur Beseitigung völlig ausreichend. Eine solche Prüfung sollte auch eine Einschätzung zu der Frage beinhalten, ob qualitativ hochwertige, durchschnittliche oder unterdurchschnittliche Baumaterialien verwendet wurden. Das stellt zwar keine Prüfung von Baumängeln im engeren Sinn dar, ist aber für die Beurteilung des Wertes der Immobilie und auch für die Prognose von künftigen Instandhaltungskosten von Bedeutung.

Ein typischer Problemherd bei älteren Immobilien ist der Umstand, dass häufig nur gemauerte Kellerwände vorhanden sind und keine Fundamente aus wasserundurchlässigen Stahlbetonwannen. Solche Fundamente müssen nicht zwangsläufig undicht sein, können jedoch bei ungünstigen Lagen in Senken oder bei hohem Grundwasserspiegel zu Feuchtigkeitsschäden führen.

Aufgrund von Erfahrungswerten aus der Geschichte der Baumaterialien und der Methoden der Bautechnik kann man ableiten, dass in bestimmten Dekaden der Nachkriegszeit auch schadstoffbelastete oder gesundheitsgefährdende Baumaterialien (z.B. Asbest) verwendet wurden. Wenn das Baujahr des Gebäudes aus einer solchen Zeit oder aus einer Übergangzeit stammt, so stellt sich häufig die Frage, ob diese kritischen Baumaterialien auch für die konkrete Immobilie Verwendung gefunden haben. Dabei sind durchgreifende Sanierungsmaßnahmen, die in dieser Zeit an einer Vorkriegsimmobilie durchgeführt wurden, in die Überlegungen einzubeziehen, da insoweit auch Immobilien problembehaftet sein können, die früher gebaut worden sind.

Wenn Grund zu der Annahme besteht, dass eine aufwendigere Prüfung durch einen Bausachverständigen kritische Befunde zutage fördern könnte, die den Kauf platzen lassen würden, sollten Sie versuchen, den Verkäufer an den Kosten des Gutachtens zu beteiligen. Das ist durchaus interessengerecht, da ein solches Bausubstanzgutachten für den Verkäufer auch dann einen Wert hat, wenn Sie sich gegen den Kauf entscheiden. Für Sie hingegen als abgesprungenen Kaufinteressenten ist das Gutachten in einem solchen Fall wertlos. Bei der derzeit schwierigen Marktlage werden Sie allerdings schlechte Karten haben, eine solche Kostenbeteiligung des Verkäufers in den Verhandlungen durchzusetzen. Einen Versuch ist es aber Wert.

5. RECHTLICHE PRÜFUNG DER IMMOBILIE

Neben dem baulichen Zustand gibt es noch stark rechtlich geprägte Aspekte, die geprüft werden müssen. Ein wichtiger Schritt ist die Prüfung der Rechtslage anhand des Grundbuches und anhand der Akte des Bauaufsichtsamtes. Auch daraus können sich wertmindernde Umstände ergeben, die bei der Kaufpreisfindung berücksichtigt werden müssen.

a) Grundbuchauszug

Das Grundbuch gibt umfangreich Auskunft über die dingliche Rechtslage. Das betrifft z.B. Wegerechte oder dingliche Wohnrechte und dergleichen.[21]

Dingliche Belastungen des Grundstückes können den Wert der Immobilie ganz erheblich mindern. Sie sollten sich zu diesem Zwecke vom Verkäufer einen aktuellen Grundbuchauszug geben lassen, um diesen entweder selbst gründlich in Augenschein zu nehmen oder von einem Fachmann prüfen zu lassen. Zu Beginn der Sondierungsphase können Sie ohne Zustimmung des Verkäufers nicht selbst beim Grundbuchamt des Amtsgerichtes einen Auszug aus dem Grundbuch erhalten, sondern sind auf die Kooperation des Verkäufers angewiesen. Bestehen Sie

---

[21] Wie Sie einen Grundbuchauszug richtig lesen und interpretieren, können Sie detailliert in meinem Buch „Immobilienkauf- und Bauvertrag rechtsicher abschließen" nachlesen.

erforderlichenfalls darauf, dass ein neuer Grundbuchauszug beim Grundbuchamt angefordert wird wenn der vorgelegte Auszug schon älter ist. Er sollte auf keinen Fall älter als ein Jahr sein. Die Kosten von € 10 sind marginal und nur ein aktueller Grundbuchauszug verschafft Sicherheit.

Eine besondere Rolle spielen die so genannten **Baulasten**, die im Baulastenverzeichnis eingetragen sind. Das tückische an den Eintragungen im Baulastenverzeichnis ist, dass diese nicht aus dem Grundbuch ersichtlich sind, aber gleichwohl gegenüber dem Erwerber eines Grundstückes Wirkung entfalten und diesen beim Eigentumsübergang wie eine dingliche Belastung treffen. Sie sollten daher unbedingt das beim Bauamt geführte Baulastenverzeichnis einsehen, da sich auch daraus wertmindernde Belastungen des Grundstückes ergeben können.

b) Mietverträge[22]

Die mit den Mietern geschlossenen Mietverträge sind ein wichtiger Prüfungspunkt. Denn nach dem Mietrecht in Deutschland genießen Mieter von Wohnraum grundsätzlich Kündigungsschutz. Das bedeutet, dass Sie die Mietverträge in der beim Erwerb geltenden Fassung sehr

---

[22] Weitergehende Informationen finden Sie in meinem Buch mit dem Titel „Vermietung & Mieterhöhung – Wegweiser zu Ihrem Erfolg". Das Buch enthält zahlreiche Mustertexte und Musterschreiben und einen anwaltsgeprüften Mustermietvertrag, den Sie als Datei per E-Mail anfordern können. Sie finden das Buch auf der folgenden Internetseite: http://amzn.to/22FlloI

langfristig als nicht beeinflussbare Konstanten in Ihrer Gleichung haben werden.

Vor diesem Hintergrund ist es besonders wichtig, ungünstige Regelungen in den Mietverträgen und die verbleibenden Möglichkeiten von Mieterhöhungen vorab zu prüfen. Eine überschlägige Prüfung eines Mietvertrages auf die Möglichkeit zur Mieterhöhung können Sie selbst vornehmen. Bei Zweifeln sollten Sie jedoch Rechtsrat einholen, da es hierbei durchaus um einen kriegsentscheidenden Punkt geht und nicht um eine belanglose Nebensache. Denn der Inhalt der Mietverträge hat direkten Einfluss auf Ihre erzielbare Rendite und auf den Spielraum für Ihre Wertsteigerungsstrategie.

Wenn im Mietvertrag eine Erhöhung der Miete nicht ausdrücklich ausgeschlossen wird (was aber selten vorkommt), dann ist diese nach den gesetzlichen Bestimmungen möglich. Diese möchte ich Ihnen im Folgenden kurz vorstellen. Es gibt eine überschaubare Anzahl von gesetzlichen Regelungen zum Thema Mieterhöhung für Wohnraum im Bürgerlichen Gesetzbuch (BGB), die den rechtlichen Rahmen abstecken:

- **Einvernehmliche Mieterhöhung**
- **Mieterhöhung bis zur ortsüblichen Vergleichsmiete (§§ 558 – 558e BGB)**
- **Mieterhöhung wegen Modernisierungen (§§ 559 – 559b BGB)**
- **Staffelmietvereinbarung (§ 557a BGB)**
- **Indexmietvereinbarung (§ 557b BGB)**

Die zum 01.04.2015 in Kraft getretene „Mietpreisbrem-se" hat mit diesen Themen jedoch nichts zu tun, weil sie nur den Fall der **Neuvermietung** regelt, für den sie die Miete auf maximal 10% über der Mietspiegelmiete für vergleichbaren Wohnraum deckelt.

Eine **einvernehmliche Mieterhöhung** in Form einer vertraglichen Vereinbarung mit dem Mieter ist rechtlich im Rahmen der allgemeinen Vertragsfreiheit immer möglich.[23] Sie setzt jedoch voraus, dass Sie den Mieter überzeugen können, einer Mieterhöhung zuzustimmen. Eine einvernehmlich vereinbarte Mieterhöhung hat für Sie als Vermieter den großen Vorteil, dass die Gefahr von Konflikten mit dem Mieter insgesamt klein gehalten werden kann. Die Zustimmung des Mieters werden Sie jedoch nur in Ausnahmefällen erlangen können. Daher können Sie bei Lichte betrachtet auf diese Mieterhöhungsmöglichkeit nicht bauen.

§ 558 BGB räumt dem Vermieter einen Anspruch auf Zustimmung zur **Mieterhöhung bis zur ortsüblichen Vergleichsmiete** ein. Wenn der Mieter die Zustimmung verweigert, kann er verklagt werden und seine Zustimmung wird dann durch das Gerichtsurteil ersetzt. Die Mieterhöhung ist grundsätzlich nach dem Mietspiegel für

---

[23] Die Vertragsfreiheit findet ihre Grenze in der Sittenwidrigkeit gemäß § 138 BGB bei Überschreitung der angemessenen Miete um mindestens 100% und im Straftatbestand des Wuchers gemäß § 291 StGB. Darüber hinaus ist eine bußgeldbewehrte Ordnungswidrigkeit gemäß § 5 WiStG gegeben, wenn die übliche Miete um mehr als 20% überschritten wird.

die Stadt oder Gemeinde auszurichten. Wenn es keinen Mietspiegel gibt, dann ist der Maßstab der ortsüblichen Vergleichsmiete anhand von tatsächlichen Vermietungen von Wohnungen in vergleichbarer Lage und mit vergleichbarer Ausstattung heranzuziehen. Weitere Voraussetzung für eine Mieterhöhung nach § 558 BGB ist, dass die Miete vor dem Erhöhungszeitpunkt mindestens 15 Monate lange unverändert geblieben ist. Darüber hinaus darf die Miete nach dieser Regelung in einem Zeitfenster von 3 Jahren um maximal 20% angehoben werden (so genannte Kappungsgrenze).[24] Bei der Berechnung dieser Kappungsgrenze sind Mieterhöhungen wegen Modernisierungen gemäß § 559 BGB **nicht** zu berücksichtigen.

Neben Mieterhöhungen bis zur ortsüblichen Vergleichsmiete bleibt es möglich, eine **Mieterhöhung wegen einer Modernisierung** gemäß § 559 BGB durchzusetzen. Modernisierungen sind Maßnahmen, die den Wohnwert dauerhaft verbessern oder zu nachhaltigen Einsparungen von Energie oder Wasser führen. Demnach würde z.B. der Anbau eines Balkons oder der Einbau von energiesparenden Fenstern oder der Austausch von Nachtspeicheröfen durch eine moderne Gasetagenheizung zu einer Mieterhöhung berechtigen. Die Kosten der Modernisierung können gemäß § 559 BGB auf den Mieter abgewälzt werden in Form einer Mieterhöhung von jährlich 11% der Kosten. Interessanterweise ist diese Mieterhöhung zeitlich nicht

---

[24] Aber beachten Sie, dass nach dem Gesetz die Möglichkeit besteht, dass ein Bundesland diese Kappungsgrenze in einem angespannten Markt auf 15% abgesenkt hat (siehe § 558 Abs. 3 BGB).

begrenzt bis zur Vollamortisierung der Maßnahmen, sondern unbefristet. Ein weiterer Vorteil besteht darin, dass eine Einwilligung des Mieters in die Mieterhöhung **nicht** erforderlich ist. Da der Mieter für die Mieterhöhung einen Gegenwert in Form von Energieeinsparungen und eine optische Aufwertung der Wohnung (z.B. durch neue Fenster) erhält, ist er häufig sogar dankbar für die Initiative des Vermieters und bereit, die erhöhte Miete anstandslos zu akzeptieren.

Alternativ sieht das Gesetz in § 557a und § 557b BGB die Möglichkeit vor, im Mietvertrag selbst bereits Erhöhungen der Miete zu vereinbaren. Damit sind **Staffelmieten** und **Indexmieten** gemeint.

Wenn der Mietvertrag eine **Staffelmiete** enthält, dann ist eine Erhöhung während der Laufzeit der Staffeln nur gemäß der Staffelung möglich und nach keiner anderen Regelung. Es ist zwingend erforderlich, dass die Mieterhöhungen für die einzelnen Staffeln im Mietvertrag nicht nur prozentual festgelegt werden, sondern auch in konkreten Beträgen in € ausgewiesen werden. Die einzelnen Staffeln dürfen nicht kürzer als ein Jahr sein. Wenn auch nur eine gestaffelte Mieterhöhung nach weniger als einem Jahr vorgesehen ist (sei es auch nur für den ersten Staffelzeitraum), dann hat das die böse Konsequenz, dass alle Mieterhöhungen für alle Staffelungen unwirksam sind.[25] Wie Sie sehen, gibt es im Wohnraummietrecht böse Stol-

---

[25] Landgericht Nürnberg-Fürth, Urteil v. 27.06.1997, abgedruckt in Zeitschrift für Mietrecht 1997, S. 648 ff.

perfallen für Vermieter. Während der Laufzeit einer Staffelmietvereinbarung sind andere Mieterhöhungen (z.B.
wegen Modernisierung und Erhöhung des Wohnwertes)
ausgeschlossen.

Enthält der Mietvertrag eine **Indexmiete**, dann ist eine
Mieterhöhung nur auf der Grundlage des Preissteige-
rungsindexes für die Lebenshaltung aller privaten Haushalte in Deutschland möglich. Dieser wird jährlich vom
statistischen Bundesamt aktualisiert und veröffentlicht.
Indexmieten haben den Vorteil, dass sie ohne zeitliche
Begrenzung für die Zukunft eine stetige Erhöhung der
Miete ermöglichen.[26] Darüber hinaus werden sie von Mietern bei Vertragsschluss als nicht so nachteilig empfunden
wie Staffelmietverträge, in denen zwingend schon zu Beginn die Erhöhungsbeträge für sämtliche Staffeln in € angegeben und in den Vertrag hineingeschrieben werden
müssen. Bei einer Indexmietvereinbarung muss der Erhö-
hungsbetrag in € erst in der Mitteilung des Vermieters
über eine Anpassung an den Index konkret angegeben
werden. Eine solche Anpassungsmitteilung des Vermieters ist erforderlich, um die Mieterhöhung tatsächlich zu
vollziehen. Die Miete steigt nicht vollautomatisch in Höhe
des Anstieges des Preisindexes. Das ist ein wesentlicher
Unterschied zur Staffelmietvereinbarung. Die Vereinba-

---

[26] Der derzeit nicht auszuschließende Fall, dass wir nicht nur
kurzfristig eine Deflation bekommen, ist bei diesen Überlegungen
nicht berücksichtigt. Es wäre ein abendfüllendes Thema, die
Thematik weiter aufzubohren. Das würde jedoch den Rahmen
dieser Darstellung sprengen.

rung einer Indexmiete hat aber auch Nachteile: Sie schließt Mieterhöhungen bis zu ortsüblichen Vergleichsmiete gemäß § 558 BGB und Mieterhöhungen wegen Modernisierungen gemäß § 559 BGB weitgehend aus. Darüber hinaus ist eine Staffelmiete nachteilig, wenn die ortsüblichen Vergleichsmieten deutlich stärker steigen als der Preissteigerungsindex. Das war insbesondere in Metropolen und Großstädten in den letzten Jahren der Fall. Sie müssen als Vermieter daher gut abwägen, ob Sie eine Indexmiete vereinbaren wollen bzw. wie Sie eine Renditeimmobilie einschätzen, die auf dieser Grundlage vermietet ist.

Es würde zu weit führen, alle denkbaren Konstellationen hier weiter darzustellen. Im Zweifel ist Rechtsrat einzuholen, ob die Mietverträge schädliche Regelungen enthalten, die Stolpersteine für künftige Mieterhöhungen darstellen können. Die Prüfung der Mietverträge durch einen Rechtsanwalt kann mit der Entwicklung einer Mieterhöhungsstrategie kombiniert werden. Das dürfte den Prüfaufwand und die Kosten der Rechtsberatung nicht nennenswert erhöhen und hilft, künftige Weichenstellungen bereits vorzubereiten.

c) Baugenehmigung

Grundsätzlich bedürfen alle Baumaßnahmen (Errichtung, Änderung, Nutzungsänderung und Abbruch eines Gebäudes) einer Baugenehmigung der Bauaufsichtsbehörde. Genehmigungsfrei sind Renovierungs- und Instandsetzungsmaßen eines Gebäudes. Dazu gehören z.B.

die Anbringung eines neuen Anstriches, Putzes oder die Durchführung von Dämmmaßnahmen, Verblendungen, neue Dacheindeckung, Anbringung von Solaranlagen und das Auswechseln von Fenstern und Türen. Eine Ausnahme gilt für Denkmalschutzimmobilien. Bei solchen ist auch bei Renovierungen und Instandsetzungen Rücksprache mit dem Denkmalschutzamt zu nehmen.

Liegt eine bestandskräftige (d.h. nicht mehr anfechtbare) Baugenehmigung vor, so darf grundsätzlich so gebaut werden, wie in der Baugenehmigung dargestellt. Daher ist es sinnvoll, sich die Baugenehmigung vorab in Kopie geben zu lassen, um auch diese in Augenschein zu nehmen. Die Baugenehmigung gibt Auskunft über die erlaubte Bebauung und Nutzung. Sie ist daher die Grundlage der Prüfung, ob die tatsächliche Bauausführung der behördlichen Genehmigung entspricht und damit kein Schwarzbau vorliegt. Wenn dem nicht so ist, so droht im Extremfall die Gefahr von Abrissverfügungen. Es sollte daher in jedem Fall abgeglichen werden, ob die Baugenehmigung sich mit dem tatsächlich errichteten Gebäude deckt.

Wenn Sie einen Umbau oder eine Nutzungsänderung der Immobilie planen, so müssen Sie auch den Fragen nach der baurechtlichen Zulässigkeit dieses Vorhabens frühzeitig nachgehen. Da die Baugenehmigung selbst nur etwas über die rechtliche Zulässigkeit der gegenwärtigen Bebauung und Nutzung aussagt, müssen Sie den Bebauungsplan einsehen, um zu prüfen ob ein geplanter Umbau oder eine geplante Erweiterung überhaupt genehmigungsfähig ist. Sind solche Maßnahmen konkret geplant, kann es ratsam sein, diese vorab mit dem Bauaufsichtsamt abzustimmen und vor dem Kauf der Immobilie einen Bauvorbescheid zu beantragen.

Wenn Sie sich unsicher sind, ob die rechtlichen Regelungen der Baugenehmigung und des Bauordnungsrechtes die geplante Nutzung und geplante Umbauten tragen, so sollten Sie diese Fragen vor dem Kauf abschließend von einem Fachmann prüfen lassen, um keine bösen Überraschungen zu erleben. Auf mündliche Zusagen des Verkäufers oder des Maklers können Sie nicht bauen. Es ist auch absolut unüblich, dass ein Verkäufer im Kaufvertrag Gewähr für die baurechtliche Zulässigkeit von Umbauten oder Nutzungsänderungen übernimmt.

d) Besonderheiten bei Eigentumswohnungen

Eine Besonderheit stellen Eigentumswohnungen dar. Damit Sie wissen, worauf beim Kauf zu achten ist, stelle ich Ihnen im Folgenden die Unterschiede zu „normalen" Immobilien dar.

Was genau ist eigentlich eine Eigentumswohnung? Es handelt sich um **Gemeinschaftseigentum** an einem Hausgrundstück zu einem bestimmten Bruchteil in Kombination mit **Sondereigentum** an bestimmten Räumen des Gebäudes. Jede Eigentumswohnung wird auf einem gesonderten Grundbuchblatt geführt. Die Eigentumswohnung ist genau wie ein normales Hausgrundstück übertragbar und mit Grundpfandrechten belastbar.

Da die Anzahl der Miteigentümer bzw. Sondereigentümer bei Wohnungseigentumsanlagen in der Regel größer ist als bei normalen Einfamilienhäusern, wird die Stückelung der Miteigentumsanteile kleiner gewählt (in der Regel ausgedrückt in Brüchen mit 1.000 oder 10.000 als Nenner). Die Details der Aufteilung in Sondereigentum und Gemeinschaftseigentum sind in der **Teilungserklärung** geregelt, die Grundlage der Aufteilung eines Mehrfamilienhauses in Eigentumswohnungen ist. Nicht jedes Haus eignet sich für die Aufteilung in Eigentumswohnungen. Erforderlich ist dafür die Abgeschlossenheit der einzelnen Wohnungen, die von der Bauaufsichtsbehörde bescheinigt werden muss.

Zum **Gemeinschaftseigentum** gehören z.B. die Außenwände, die Fassade, das Dach, das Treppenhaus, Gemeinschaftsflächen und Gemeinschaftsräume wie Waschräume oder Hof- und Gartenflächen (soweit daran kein Sondereigentum begründet ist). Es gehört allen Miteigentümern zu einem Bruchteil. Zum **Sondereigentum** gehören die einzelnen abgetrennten Eigentumswohnungen mit Ausnahme von Außenwänden, tragenden Wänden und Fenstern, die ebenfalls Gemeinschaftseigentum darstellen. Die Abgrenzung von Gemeinschaftseigentum und Sondereigentum spielt eine wichtige Rolle für die Frage, wer Entscheidungen über Instandhaltungs- und Renovierungsmaßnahmen trifft und wer die Kosten trägt.

Die grundlegenden Vereinbarungen über Rechte und Pflichten in der Eigentümergemeinschaft werden in der **Gemeinschaftsordnung** festgeschrieben. Häufig sind die Gemeinschaftsordnung und die Teilungserklärung in einer Urkunde zu einem Text zusammengefasst. Die Gemeinschaftsordnung kann nur durch die gesamte Eigentümergemeinschaft geändert werden, d. h. dass sich alle Eigentümer einig sein müssen. Es ist daher ratsam, die Gemeinschaftsordnung vor dem Entschluss über den Kauf einer Eigentumswohnung gründlich zu lesen, um insoweit Klarheit darüber zu haben, welche Abweichungen von den gesetzlichen Regelungen vereinbart worden sind.

Beim Kauf einer Eigentumswohnung sollten Sie sich auch einen Überblick über die von der Eigentümergemeinschaft in der Vergangenheit gefassten Beschlüsse und die ausgetragenen Konflikte verschaffen. Aus den Protokollen können Sie auch Informationen entnehmen, die Rückschlüsse auf das Klima in der Eigentümergemeinschaft zulassen. Wenn es ernsthafte Streitigkeiten unter den Eigentümern oder mit dem Verwalter gegeben hat, so wird das sicherlich seinen Niederschlag im Text der Protokolle der Eigentümerversammlungen gefunden haben. Solche Streitigkeiten können für die gesamte Eigentümergemeinschaft sehr belastend sein und im Ergebnis auch zu einer Blockadesituation führen, in der auch sinnvolle und erforderliche Maßnahmen der Eigentümergemeinschaft keine Mehrheit mehr finden und infolgedessen auch nicht getroffen werden können.[27]

---

[27] Eine noch detailliertere Erklärung der rechtlichen Hintergründe zu Eigentumswohnungen können Sie in meinem Buch „Immobilienkauf- und Bauvertrag rechtsicher abschließen" nachlesen.

e) Rechtlicher Spielraum für Aufwertungsstrategien

Ich hatte Ihnen oben bereits die Strategie der Aufwertung der Renditeimmobilie vorgestellt. Zur optimalen Ausnutzung dieser Strategie müssen Sie bereits beim Ankauf der Immobilie prüfen, ob es rechtlichen Spielraum für eine solche Aufwertungsstrategie gibt.

aa) Zusätzliche Bebauung

Dazu gehört etwa die baurechtliche Prüfung der Zulässigkeit einer weiteren Bebauung des Grundstückes. Ebenfalls in diese Kategorie gehört die Prüfung, ob der Ausbau eines Dachgeschosses zu Wohnraum oder die Einrichtung einer Dachterrasse in einer Dachgeschosswohnung rechtlich zulässig ist. Antworten auf diese Fragen kann der relevante Bebauungsplan geben. Diesen kann jedermann ohne Darlegung eines besonderen Interesses bei der Bauaufsichtsbehörde einsehen. Darüber hinaus können Sie gegen Zahlung einer Gebühr einen Ausdruck des Bebauungsplans in Plakatgröße nach Hause mitnehmen, um diesen in Ruhe studieren zu können.

Der Bebauungsplan ist eine sehr interessante Informationsquelle, aus der Sie sowohl Erkenntnisse über die Bebaubarkeit des konkreten Grundstückes ableiten können als auch Informationen über das Umfeld der Immobilie und den Charakter des Stadtviertels. Wenn Sie sich einmal die Mühe gemacht haben, die standardisierte Darstellungstechnik von Bebauungsplänen nachzuvollziehen, dann werden Sie in der Lage sein, den Bebauungsplan richtig zu lesen und zu verstehen. Eine umfassende Legende aller Darstellungszeichen für Bebauungspläne finden Sie in der Planzeichenverordnung.[28]

Sie können natürlich auch einen Architekten mit dieser Arbeit betrauen, wenn Sie sich unsicher fühlen. Ich persönlich ziehe es vor, mir zunächst selbst eine Meinung zu bilden und dann ggf. noch einen Architekten zur Qualitätssicherung des Ergebnisses hinzuzuziehen. Es kann richtig spannend sein, diesen Fragen nachzugehen. Es ist ein wenig wie Schatzsuche. Und es sind tatsächlich Schätze zu finden. Das macht das ganze viel aufregender als ein Spiel.

bb) Mieterhöhung[29]

Wie oben dargelegt, ist für eine intelligente Aufwertungsstrategie vorab zu prüfen, ob eine Erhöhung der aktuellen Miete möglich ist. Da dies natürlich auch davon abhängt, was mit den Mietern in den aktuellen Mietverträgen vereinbart ist, kommen Sie nicht darum herum, diese einer eingehenden Prüfung zu unterziehen. Zur Vermeidung von Wiederholungen verweise ich wegen der Einzelheiten auf die obigen Ausführungen.

---

[28] Sie können die Planzeichenverordnung unter dem folgenden Link im Internet herunterladen: https://goo.gl/loEf4z

[29] Zur Vertiefung verweise ich in diesem Zusammenhang auf mein weiteres Buch mit dem Titel „Vermietung & Mieterhöhung – Wegweiser zu Ihrem Erfolg". Sie finden das Buch auf der folgenden Internetseite: http://amzn.to/22FlloI

cc) Ist die „Mietpreisbremse" ein Problem?

Die so genannte Mietpreisbremse ist zum 01.04.2015 in Kraft getreten. Vor diesem Hintergrund möchte ich Sie darüber informieren, was die Regelung beinhaltet und welche Relevanz dieses Thema für einen Wohnimmobilieninvestor hat. Die Neuregelung sieht eine Deckelung von Mieterhöhungen bei Neuvermietung von Wohnraum vor und soll nach dem erklärten Willen der politischen Akteure verhindern, dass die Wohnraummieten in hochpreisigen Ballungszentren in den Himmel steigen. Eine Wohnung darf nach Inkrafttreten der Regelung fortan nur noch höchstens 10% teurer vermietet werden als eine vergleichbare Wohnung derselben Größe und Lage. Vergleichsmaßstab sind dabei der örtliche Mietspiegel oder vergleichbare statistische Erhebungen zu Mietpreisen vor Ort. Diese Deckelung tritt aber nicht flächendeckend in ganz Deutschland in Kraft, sondern nur in solchen Regionen, die von den Bundesländern in einer Rechtsverordnung als „**angespannte Wohnungsmärkte**" ausgewiesen werden. Welches Bundesland für welche Region von dieser Möglichkeit Gebrauch machen wird, bleibt abzuwarten. Eine Verpflichtung der Bundesländer zur Ausweisung solcher Gebiete besteht jedenfalls nicht.

Das Gesetz enthält 2 Ausnahmen von der Mietpreisbremse: Wohnungen, die nach dem 01.10.2014 neu gebaut wurden und Wohnungen, die umfassend saniert wurden und danach erstmals neu vermietet werden, sind von der Mietpreisbremse ausgenommen. Eine umfassende Sanierung in diesem Sinne liegt aber nur dann vor, der Vermieter für die Umbauarbeiten ein Drittel der Kosten investiert, die ihn ein kompletter Neubau gekostet hätte. Diese Ausnahmen betreffen bei Lichte betrachtet nicht die typischen Renditeimmobilien, auf die Sie als Investor setzen werden.

Die Mietpreisbremse ist bei typischen Renditeimmobilien im Fokus von Investoren daher kein so großes Thema. Denn mit hoher Wahrscheinlichkeit werden die Bundesländer nur Metropolregionen als angespannte Wohnungsmärkte ausweisen. Darüber hinaus sind typische Renditeimmobilien in mittleren Wohnlagen auch deshalb eher weniger von der Mietpreisbremse betroffen, weil Neuvermietungen in diesem Marktsegment zu mehr als 10% oberhalb der ortsüblichen Vergleichsmiete kaum durchsetzbar sein dürften. Die Mietpreisbremse zielt daher eher auf das Premiumsegment von Immobilien ab und dürfte bei Lichte betrachtet für typische Renditeimmobilien in mittleren Lagen kaum einen messbaren Effekt entfalten. Insgesamt ist auch sehr zweifelhaft, ob die Mietpreisbremse überhaupt einen Effekt hat. Viele Fachleute bezweifeln das. Sie sollten sich daher von der Neuregelung nicht abschrecken lassen, eine Zukunft als privater Immobilieninvestor anzustreben.

BONUSMATERIAL

Als Bonusmaterial zu diesem Ratgeber ist ein mächtiges Berechnungstool verfügbar, mit dem Sie alle wichtigen Eckdaten einer Renditeimmobilie erfassen können. Als Erwerber dieses Buches erhalten Sie das Tool kostenlos als Bonus, wenn Sie per Email einen Downloadlink anfordern: mk2@alexander-goldwein.de

Das Berechnungstool wurde mit größtmöglicher Sorgfalt erstellt. Für die Richtigkeit ist eine Haftung des Autors oder des Verlages ausgeschlossen.

DER AUTOR

Alexander Goldwein ist gelernter Jurist und hat einen internationalen Bildungshintergrund. Er hat in drei Staaten in drei Sprachen studiert. Er ist mit Kapitalanlagen in Immobilien selfmade Millionär geworden.

Als Autor und Berater hat er zahlreiche Menschen zu wirtschaftlichem Erfolg geführt. Goldwein verfügt über eine große Bandbreite praktischer Erfahrung aus seiner Tätigkeit als Jurist in der Rechtsabteilung einer Bank sowie als kaufmännischer Projektleiter in der Immobilienbranche. In seiner praktischen Laufbahn hat er Immobilieninvestments in den USA und in Deutschland aus wirtschaftlicher und rechtlicher Sicht begleitet und verantwortet. Durch seine Bücher hat Goldwein sich bei privaten Kapitalanlegern einen legendären Ruf erarbeitet, weil er mit seinen ganzheitlichen Erklärungsansätzen den idealen Nährboden für gelungene Investitionen in Wohnimmobilien erzeugt. Mit eigenen Investitionen in Immobilien hat er ein beachtliches Vermögen aufgebaut und wirtschaftliche Unabhängigkeit erlangt.

Goldwein verfolgt konsequent den Ansatz, komplexe Themen einfach zu erklären, so dass auch Anfänger ohne Vorkenntnisse mühelos folgen können. Er erreicht so alle, die gerne in Immobilien investieren würden, aber bisher noch keinen Zugang zu dem notwendigen Fachwissen erhalten haben. Leider werden Grundkenntnisse des Investierens und des klugen Umgangs mit Geld in unserem Bildungssystem sträflich vernachlässigt. So erklärt sich, dass viele Menschen sich damit schwer tun und ihre Chancen nicht richtig nutzen.

GELD VERDIENEN MIT WOHNIMMOBILIEN

Erfolg als privater Immobilieninvestor

Als gebundene Ausgabe, Taschenbuch und eBook bei
Amazon erhältlich:

http://amzn.to/22FkyNs

ISBN: 978-0993950643 (Taschenbuch)

ISBN: 978-0994853332 (Gebundene Ausgabe)

STEUERLEITFADEN FÜR IMMOBILIENINVESTOREN

**Der ultimative Steuerratgeber für Privat-
investitionen in Wohnimmobilien**

Als gebundene Ausgabe, Taschenbuch und eBook bei
Amazon erhältlich:

http://amzn.to/2ecvfF2

ISBN: 978-0994853363 (Taschenbuch)

ISBN: 978-0994853387 (Gebundene Ausgabe)

VERMIETUNG & MIETERHÖHUNG

Wegweiser zu Ihrem Erfolg:

Mit anwaltsgeprüftem Mustermietvertrag

Als gebundene Ausgabe, Taschenbuch und eBook bei Amazon erhältlich:

http://amzn.to/22FlloI

ISBN: 978-0994853318 (Taschenbuch)

ISBN: 978-0994853394 (Gebundene Ausgabe)

IMMOBILIEN STEUEROPTIMIERT VERSCHENKEN & VERERBEN

Erbfolge durch Testament regeln & Steuern sparen mit Freibeträgen & Schenkungen von Häusern & Eigentumswohnungen

Als gebundene Ausgabe, Taschenbuch und eBook bei
Amazon erhältlich: http://amzn.to/2cAaoPs
ISBN: 978-0994853370 (Taschenbuch)
ISBN: 978-0994853349 (Gebundene Ausgabe)

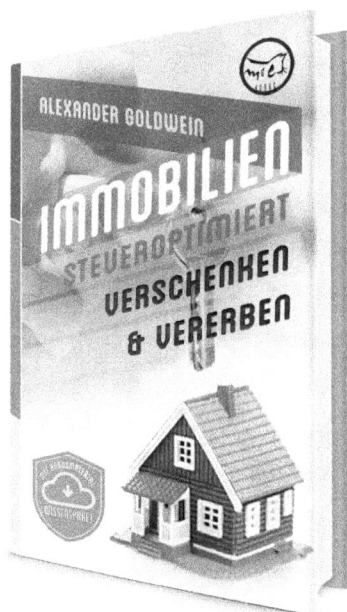

DIE GESETZE VON ERFOLG & GLÜCK

Ihr Weg zu finanzieller Freiheit & Zufriedenheit

Als gebundene Ausgabe, Taschenbuch und eBook bei Amazon erhältlich:

http://amzn.to/2pPSAAm

ISBN: 978-3947201013 (Taschenbuch)

ISBN: 978-3947201136 (Gebundene Ausgabe)

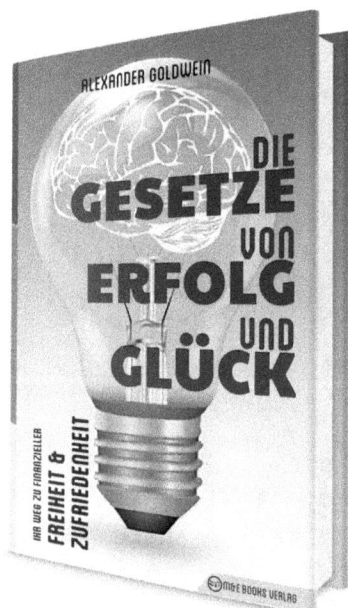

IMMOBILIENFINANZIERUNG FÜR EIGENNUTZER

Ratgeber für Kauf, Bau & Kredit

Als gebundene Ausgabe, Taschenbuch und eBook bei Amazon erhältlich:

http://amzn.to/2tCIoAc

ISBN: 978-3947201099 (Taschenbuch)

ISBN: 978-3947201105 (Gebundene Ausgabe)

FERIENIMMOBILIEN ALS KAPITALANLAGE

Ferienwohnungen und Ferienhäuser im Inland &

Ausland erwerben, finanzieren & vermieten

Als gebundene Ausgabe, Taschenbuch und eBook bei
Amazon erhältlich:

http://amzn.to/

ISBN: 978-3947201150 (Taschenbuch)

ISBN: 978-3947201167 (Gebundene Ausgabe)

www.ingramcontent.com/pod-product-compliance
Lightning Source LLC
Chambersburg PA
CBHW071501210326
41597CB00018B/2641